INDEX

EEPROM Interface

Flash Memory Interface

External Memory Interface

USB Interface

CAN Bus Communication

GSM Module Interface

GPS Module Interface

Bluetooth Module Interface

Wi-Fi Module Interface

RF Module Interface

ZigBee Module Interface

Infrared Communication

Ultrasonic Sensor Interface

Analog to Digital Conversion

Digital to Analog Conversion

Pulse Width Modulation

Frequency Measurement

Duty Cycle Measurement

Capacitance Measurement

Inductance Measurement

Resistance Measurement

Voltage Measurement

Current Measurement

Power Measurement

Energy Measurement

Light Intensity Control

Temperature Control

Humidity Control

Pressure Control

Speed Control

Position Control

Angle Measurement

Distance Measurement

Object Detection

Line Follower Robot

Maze Solving Robot

Obstacle Avoidance Robot

Fire Fighting Robot

Voice Recognition

Speech Synthesis

Music Player

Traffic Light Control

Smart Lighting System

Smart Agriculture System

Smart Irrigation System

Fire Alarm System

Gas Leak Detector

Water Leak Detector

Smoke Detector

CONTENTS

LED Blinking

```c
#include <reg51.h>
sbit LED = P1^0;  // LED connected to P1.0
void delay(unsigned int ms);
void main() {
    while (1) {
        LED = 1;   // Turn on LED
        delay(500); // Delay 500 ms
        LED = 0;   // Turn off LED
        delay(500); // Delay 500 ms
    }
}
void delay(unsigned int ms) {
    unsigned int i, j;
    for (i = 0; i < ms; i++) {
        for (j = 0; j < 123; j++);
    }
}
```

LED Chasing

```c
#include <reg51.h>
void delay(unsigned int ms);
void main() {
    unsigned char pattern = 0x01; // Initial pattern
    while (1) {
        P1 = pattern; // Output pattern to Port 1
        delay(200);   // Delay 200 ms
        pattern = pattern << 1; // Shift pattern left
        if (pattern == 0x00) {  // Reset pattern if it overflows
            pattern = 0x01;
        }
```

```c
    }
}
void delay(unsigned int ms) {
    unsigned int i, j;
    for (i = 0; i < ms; i++) {
        for (j = 0; j < 123; j++);
    }
}
```

Switch LED Control

```c
#include <reg51.h>
sbit LED = P1^0;    // LED connected to P1.0
sbit SWITCH = P1^1;  // Switch connected to P1.1
void main() {
    while (1) {
        if (SWITCH == 0) {  // If switch is pressed (assuming active low)
            LED = 1;        // Turn on LED
        } else {
            LED = 0;        // Turn off LED
        }
    }
}
```

7-Segment Display

```c
#include <reg51.h>
sfr SEGMENT = 0x80;  // Port 0 is connected to the 7-segment display
// Segment codes for digits 0 to 9
unsigned char code segment_code[] = {0xC0, 0xF9, 0xA4, 0xB0, 0x99, 0x92, 0x82,
0xF8, 0x80, 0x90};
void delay(unsigned int ms);
void main() {
    unsigned char i;
```

```c
   while (1) {
      for (i = 0; i < 10; i++) {
         SEGMENT = segment_code[i];  // Display digit on 7-segment
         delay(500);                 // Delay 500 ms
      }
   }
}
void delay(unsigned int ms) {
   unsigned int i, j;
   for (i = 0; i < ms; i++) {
      for (j = 0; j < 123; j++);
   }
}
```

16x2 LCD Display

```c
#include <reg51.h>
sbit RS = P2^0;    // Register select pin
sbit RW = P2^1;    // Read/Write pin
sbit EN = P2^2;    // Enable pin
sfr LCD = 0x90;    // Port 1 connected to data pins of LCD
void LCD_Command(unsigned char);
void LCD_Data(unsigned char);
void LCD_Init();
void delay(unsigned int ms);
void main() {
   LCD_Init();                 // Initialize the LCD
   LCD_Command(0x80);          // Force cursor to beginning of 1st line
   LCD_Data('H');              // Display character 'H'
   LCD_Data('e');              // Display character 'e'
   LCD_Data('l');              // Display character 'l'
   LCD_Data('l');              // Display character 'l'
   LCD_Data('o');              // Display character 'o'
```

```c
    while(1);
}
void LCD_Command(unsigned char cmd) {
    LCD = cmd;
    RS = 0;  // Command mode
    RW = 0;  // Write mode
    EN = 1;
    delay(1);
    EN = 0;
    delay(1);
}
void LCD_Data(unsigned char data) {
    LCD = data;
    RS = 1;  // Data mode
    RW = 0;  // Write mode
    EN = 1;
    delay(1);
    EN = 0;
    delay(1);
}
void LCD_Init() {
    LCD_Command(0x38);  // 2 lines and 5x7 matrix
    LCD_Command(0x0C);  // Display on, cursor off
    LCD_Command(0x01);  // Clear display screen
    LCD_Command(0x06);  // Increment cursor
    LCD_Command(0x80);  // Force cursor to beginning of 1st line
}
void delay(unsigned int ms) {
    unsigned int i, j;
    for (i = 0; i < ms; i++) {
        for (j = 0; j < 123; j++);
    }
```

```c
}
```

ADC Interface

```c
#include <reg51.h>
sbit CS = P3^7;   // Chip select pin
sbit RD = P3^6;   // Read pin
sbit WR = P3^5;   // Write pin
sbit INTR = P3^4; // Interrupt pin
sfr ADC_DATA = 0x80; // Port 0 connected to ADC data pins
void ADC_Init();
unsigned char ADC_Read();
void main() {
    unsigned char adc_value;
    ADC_Init();   // Initialize ADC
    while (1) {
        adc_value = ADC_Read();   // Read ADC value
        P1 = adc_value;           // Output ADC value to Port 1
    }
}
void ADC_Init() {
    CS = 1;  // Disable ADC
    RD = 1;  // Set read high
    WR = 1;  // Set write high
}
unsigned char ADC_Read() {
    unsigned char adc_value;
    CS = 0;  // Enable ADC
    WR = 0;  // Start conversion
    WR = 1;
    while (INTR == 1);  // Wait for conversion to complete
    RD = 0;  // Read ADC value
    adc_value = ADC_DATA;
```

```c
  RD = 1;

  CS = 1;  // Disable ADC

  return adc_value; }
```

DAC Interface

```c
#include <reg51.h>

sfr DAC_DATA = 0x80; // Port 0 connected to DAC data pins

void delay(unsigned int ms);

void main() {

  unsigned char value;

  while (1) {

    for (value = 0; value < 255; value++) {

      DAC_DATA = value;  // Output value to DAC

      delay(10);         // Delay to observe output

    }

  }

}

void delay(unsigned int ms) {

  unsigned int i, j;

  for (i = 0; i < ms; i++) {

    for (j = 0; j < 123; j++);

  }

}
```

PWM Generation

```c
#include <reg51.h>

sbit PWM_PIN = P1^0; // PWM output pin

void delay(unsigned int ms);

void main() {

  while (1) {

    PWM_PIN = 1;  // Set PWM_PIN high

    delay(1);     // Duty cycle high time
```

```c
      PWM_PIN = 0;   // Set PWM_PIN low
    delay(1);      // Duty cycle low time
  }
}

void delay(unsigned int ms) {
  unsigned int i, j;
  for (i = 0; i < ms; i++) {
    for (j = 0; j < 123; j++);
  }
}
```

Timer0 Delay

```c
#include <reg51.h>
void Timer0_Delay();
void main() {
  while (1) {
    P1 = 0xFF;   // Turn on all LEDs
    Timer0_Delay(); // Delay using Timer0
    P1 = 0x00;   // Turn off all LEDs
    Timer0_Delay(); // Delay using Timer0
  }
}
void Timer0_Delay() {
  TMOD = 0x01;  // Timer0 mode 1 (16-bit timer)
  TH0 = 0xFC;   // Load higher 8-bit of timer value
  TL0 = 0x66;   // Load lower 8-bit of timer value
  TR0 = 1;      // Start Timer0
  while (TF0 == 0); // Wait for Timer0 overflow
  TR0 = 0;      // Stop Timer0
  TF0 = 0;      // Clear Timer0 overflow flag
}
```

Timer1 Delay

```c
#include <reg51.h>
void Timer1_Delay();
void main() {
    while (1) {
        P1 = 0xFF;   // Turn on all LEDs
        Timer1_Delay(); // Delay using Timer1
        P1 = 0x00;   // Turn off all LEDs
        Timer1_Delay(); // Delay using Timer1
    }
}
void Timer1_Delay() {
    TMOD = 0x10;  // Timer1 mode 1 (16-bit timer)
    TH1 = 0xFC;   // Load higher 8-bit of timer value
    TL1 = 0x66;   // Load lower 8-bit of timer value
    TR1 = 1;      // Start Timer1
    while (TF1 == 0); // Wait for Timer1 overflow
    TR1 = 0;      // Stop Timer1
    TF1 = 0;      // Clear Timer1 overflow flag
}
```

External Interrupt

```c
#include <reg51.h>
sbit LED = P1^0;  // LED connected to P1.0
void External_Interrupt_Init();
void Ext_ISR() interrupt 0;  // External interrupt 0 service routine
void main() {
    External_Interrupt_Init();  // Initialize external interrupt
    while (1) {
        LED = 0;  // Turn off LED
    }
}
```

```c
void External_Interrupt_Init() {
    IT0 = 1;   // Configure interrupt 0 for falling edge trigger
    IE = 0x81; // Enable external interrupt 0 and global interrupt
}

void Ext_ISR() interrupt 0 {
    LED = 1;   // Turn on LED when interrupt occurs
    while (1); // Stay in this loop (to simulate handling the interrupt)
}
```

UART Communication

```c
#include <reg51.h>
void UART_Init();
void UART_TxChar(char ch);
char UART_RxChar();
void UART_SendString(char* str);
void main() {
    char received_char;
    UART_Init(); // Initialize UART
    while (1) {
        received_char = UART_RxChar(); // Receive character from UART
        UART_TxChar(received_char);    // Echo the received character back
    }
}
void UART_Init() {
    TMOD = 0x20;  // Timer1, Mode 2
    TH1 = 0xFD;   // 9600 baud rate
    SCON = 0x50;  // 8-bit data, 1 stop bit, REN enabled
    TR1 = 1;      // Start Timer1
}
void UART_TxChar(char ch) {
    SBUF = ch;    // Load data into serial buffer
    while (TI == 0); // Wait until transmission is complete
```

```c
    TI = 0;       // Clear transmission interrupt flag
}
char UART_RxChar() {
    while (RI == 0);  // Wait until reception is complete
    RI = 0;       // Clear reception interrupt flag
    return SBUF;  // Return received data
}
void UART_SendString(char* str) {
    while (*str) {
        UART_TxChar(*str++);
    }
}
```

I2C Communication

```c
#include <reg51.h>
sbit SDA = P2^0;  // Data pin
sbit SCL = P2^1;  // Clock pin
void I2C_Start();
void I2C_Stop();
void I2C_Write(unsigned char data);
unsigned char I2C_Read();
void I2C_Ack();
void I2C_NAck();
void delay();
void main() {
    unsigned char received_data;
    I2C_Start();
    I2C_Write(0xA0); // Address + Write
    I2C_Write(0x00); // Write data
    I2C_Stop();
    I2C_Start();
    I2C_Write(0xA1); // Address + Read
```

```c
    received_data = I2C_Read();
    I2C_NAck();
    I2C_Stop();
    P1 = received_data; // Display received data on Port 1
    while (1);
}
void I2C_Start() {
    SDA = 1;
    SCL = 1;
    delay();
    SDA = 0;
    delay();
    SCL = 0;
}
void I2C_Stop() {
    SCL = 0;
    SDA = 0;
    delay();
    SCL = 1;
    delay();
    SDA = 1;
}
void I2C_Write(unsigned char data) {
    unsigned char i;
    for (i = 0; i < 8; i++) {
        SDA = (data & 0x80) ? 1 : 0;
        SCL = 1;
        delay();
        SCL = 0;
        data <<= 1;
    }
    SDA = 1; // Release SDA for ACK
```

```c
  SCL = 1;
  delay();
  SCL = 0;
}
unsigned char I2C_Read() {
  unsigned char i, data = 0;
  SDA = 1; // Release SDA for input
  for (i = 0; i < 8; i++) {
    SCL = 1;
    delay();
    data = (data << 1) | SDA;
    SCL = 0;
  }
  return data;
}
void I2C_Ack() {
  SDA = 0;
  SCL = 1;
  delay();
  SCL = 0;
  SDA = 1;
}
void I2C_NAck() {
  SDA = 1;
  SCL = 1;
  delay();
  SCL = 0;
}
void delay() {
  unsigned int i;
  for (i = 0; i < 100; i++);
}
```

SPI Communication

```c
#include <reg51.h>
sbit MISO = P2^0; // Master In Slave Out
sbit MOSI = P2^1; // Master Out Slave In
sbit SCK = P2^2;  // Serial Clock
sbit SS = P2^3;   // Slave Select
void SPI_Init();
unsigned char SPI_Transfer(unsigned char data);
void delay();
void main() {
    unsigned char received_data;
    SPI_Init(); // Initialize SPI
    SS = 0;    // Select the slave device

    SPI_Transfer(0x55); // Send data to the slave
    received_data = SPI_Transfer(0x00); // Receive data from the slave
    SS = 1;    // Deselect the slave device
    P1 = received_data; // Display received data on Port 1
    while (1);
}
void SPI_Init() {
    MISO = 1; // Set MISO as input
    MOSI = 0; // Set MOSI as output
    SCK = 0;  // Set SCK as output
    SS = 1;   // Deselect the slave device
}
unsigned char SPI_Transfer(unsigned char data) {
    unsigned char i;
    for (i = 0; i < 8; i++) {
        MOSI = (data & 0x80) ? 1 : 0; // Send MSB first
        SCK = 1; // Clock high
        delay();
```

```c
    data = (data << 1) | MISO; // Read data and shift

    SCK = 0; // Clock low

    delay();

  }

  return data;

}

void delay() {

  unsigned int i;

  for (i = 0; i < 100; i++);

}
```

Temperature Sensor Interface (LM35)

```c
#include <reg51.h>

sbit CS = P3^7;    // Chip select pin

sbit RD = P3^6;    // Read pin

sbit WR = P3^5;    // Write pin

sbit INTR = P3^4;  // Interrupt pin

sfr ADC_DATA = 0x80; // Port 0 connected to ADC data pins

void ADC_Init();

unsigned char ADC_Read();

void delay(unsigned int ms);

void main() {

  unsigned char adc_value;

  float temperature;

  ADC_Init();    // Initialize ADC

  while (1) {

    adc_value = ADC_Read();   // Read ADC value

    temperature = (adc_value * 5.0 / 255.0) * 100; // Convert ADC value to
temperature in Celsius

    P1 = adc_value;          // Display raw ADC value on Port 1

    delay(1000);             // Delay 1 second

  }
```

```c
}
void ADC_Init() {
    CS = 1;  // Disable ADC
    RD = 1;  // Set read high
    WR = 1;  // Set write high
}
unsigned char ADC_Read() {
    unsigned char adc_value;
    CS = 0;  // Enable ADC
    WR = 0;  // Start conversion
    WR = 1;
    while (INTR == 1);  // Wait for conversion to complete
    RD = 0;  // Read ADC value
    adc_value = ADC_DATA;
    RD = 1;
    CS = 1;  // Disable ADC
    return adc_value;
}
void delay(unsigned int ms) {
    unsigned int i, j;
    for (i = 0; i < ms; i++) {
        for (j = 0; j < 123; j++);
    }
}
```

Humidity Sensor Interface (DHT11)

```c
#include <reg51.h>
sbit DHT11 = P2^0;  // Data pin for DHT11
void DHT11_Start();
void DHT11_CheckResponse();
unsigned char DHT11_ReadByte();
void delay(unsigned int ms);
```

```c
unsigned char RH_Byte1, RH_Byte2, Temp_Byte1, Temp_Byte2, CheckSum;
void main() {
  while (1) {
    DHT11_Start();
    DHT11_CheckResponse();
    RH_Byte1 = DHT11_ReadByte();
    RH_Byte2 = DHT11_ReadByte();
    Temp_Byte1 = DHT11_ReadByte();
    Temp_Byte2 = DHT11_ReadByte();
    CheckSum = DHT11_ReadByte();
        if (RH_Byte1 + RH_Byte2 + Temp_Byte1 + Temp_Byte2 == CheckSum)
{

      P1 = Temp_Byte1;  // Display temperature on Port 1
    }
    delay(2000); // Wait for 2 seconds before next read
  }
}
void DHT11_Start() {
  DHT11 = 0;     // Pull down the pin for 18ms
  delay(18);
  DHT11 = 1;     // Pull up the pin for 20-40us
  delay(1);
}
void DHT11_CheckResponse() {
  while (DHT11 == 1);
  while (DHT11 == 0);
  while (DHT11 == 1);
}
unsigned char DHT11_ReadByte() {
  unsigned char i, byte = 0;
  for (i = 0; i < 8; i++) {
    while (DHT11 == 0);
```

```c
      delay(1);
      if (DHT11 == 1) {
         byte = (byte << 1) | 1;
      } else {
         byte = (byte << 1);
      }
      while (DHT11 == 1);
   }
   return byte;
}
void delay(unsigned int ms) {
   unsigned int i, j;
   for (i = 0; i < ms; i++) {
      for (j = 0; j < 123; j++);
   }
}
```

Light Sensor Interface (LDR)

```c
#include <reg51.h>
sbit CS = P3^7;    // Chip select pin
sbit RD = P3^6;    // Read pin
sbit WR = P3^5;    // Write pin
sbit INTR = P3^4;  // Interrupt pin
sfr ADC_DATA = 0x80; // Port 0 connected to ADC data pins
void ADC_Init();
unsigned char ADC_Read();
void delay(unsigned int ms);
void main() {
   unsigned char adc_value;
   ADC_Init();    // Initialize ADC
   while (1) {
      adc_value = ADC_Read();   // Read ADC value
```

```c
    P1 = adc_value;          // Display raw ADC value on Port 1

    delay(500);              // Delay 500 ms

  }

}

void ADC_Init() {

  CS = 1;  // Disable ADC

  RD = 1;  // Set read high

  WR = 1;  // Set write high

}

unsigned char ADC_Read() {

  unsigned char adc_value;

  CS = 0;  // Enable ADC

  WR = 0;  // Start conversion

  WR = 1;

  while (INTR == 1);  // Wait for conversion to complete

  RD = 0;  // Read ADC value

  adc_value = ADC_DATA;

  RD = 1;

  CS = 1;  // Disable ADC

  return adc_value;

}

void delay(unsigned int ms) {

  unsigned int i, j;

  for (i = 0; i < ms; i++) {

    for (j = 0; j < 123; j++);

  }

}
```

Pressure Sensor Interface

```c
#include <reg51.h>

sbit CS = P3^7;   // Chip select pin

sbit RD = P3^6;   // Read pin
```

```c
sbit WR = P3^5;    // Write pin
sbit INTR = P3^4;  // Interrupt pin
sfr ADC_DATA = 0x80; // Port 0 connected to ADC data pins
void ADC_Init();
unsigned char ADC_Read();
void delay(unsigned int ms);
void main() {
    unsigned char adc_value;
    float pressure;
    ADC_Init();    // Initialize ADC
    while (1) {
        adc_value = ADC_Read();   // Read ADC value
        pressure = (adc_value * 5.0 / 255.0) * 100; // Convert ADC value to pressure
(assuming 0-5V maps to 0-100 psi)
        P1 = adc_value;         // Display raw ADC value on Port 1
        delay(1000);            // Delay 1 second
    }
}
void ADC_Init() {
    CS = 1;  // Disable ADC
    RD = 1;  // Set read high
    WR = 1;  // Set write high
}
unsigned char ADC_Read() {
    unsigned char adc_value;
    CS = 0;  // Enable ADC
    WR = 0;  // Start conversion
    WR = 1;
    while (INTR == 1);  // Wait for conversion to complete
    RD = 0;  // Read ADC value
    adc_value = ADC_DATA;
    RD = 1;
```

```c
  CS = 1;  // Disable ADC
  return adc_value;
}
void delay(unsigned int ms) {
  unsigned int i, j;
  for (i = 0; i < ms; i++) {
    for (j = 0; j < 123; j++);
  }
}
```

Motion Sensor Interface (PIR Sensor)

```c
#include <reg51.h>
sbit PIR_SENSOR = P2^0;  // PIR sensor connected to P2.0
sbit LED = P1^0;         // LED connected to P1.0
void main() {
  while (1) {
    if (PIR_SENSOR == 1) {  // Motion detected
      LED = 1;           // Turn on LED
    } else {
      LED = 0;           // Turn off LED
    }
  }
}
```

Proximity Sensor Interface (Ultrasonic Sensor)

```c
#include <reg51.h>
sbit TRIG = P2^0;  // Trigger pin connected to P2.0
sbit ECHO = P2^1;  // Echo pin connected to P2.1
sbit LED = P1^0;   // LED connected to P1.0 (optional, to indicate proximity)
void delay(unsigned int ms);
unsigned int measure_distance();
void main() {
```

```c
    unsigned int distance;
    while (1) {
        distance = measure_distance(); // Measure distance
        if (distance < 10) {        // If object is within 10 cm
            LED = 1;                // Turn on LED
        } else {
            LED = 0;                // Turn off LED
        }
        delay(1000); // Delay 1 second
    }
}
void delay(unsigned int ms) {
    unsigned int i, j;
    for (i = 0; i < ms; i++) {
        for (j = 0; j < 123; j++);
    }
}
unsigned int measure_distance() {
    unsigned int time, distance;
    TRIG = 0; // Set TRIG low
    delay(2); // Wait for 2 ms
    TRIG = 1; // Set TRIG high
    delay(10); // Wait for 10 us
    TRIG = 0; // Set TRIG low
    while (!ECHO); // Wait for ECHO to go high
    while (ECHO);  // Measure time while ECHO is high
    time = 0;
    while (ECHO) {
        time++; // Count the time while ECHO is high
        delay(1); // Each increment is approximately 10 us
    }
    distance = time / 58; // Convert time to distance in cm (approximately)
```

```c
    return distance;
}


```

Sound Sensor Interface

```c
#include <reg51.h>
sbit CS = P3^7;    // Chip select pin
sbit RD = P3^6;    // Read pin
sbit WR = P3^5;    // Write pin
sbit INTR = P3^4;  // Interrupt pin
sfr ADC_DATA = 0x80; // Port 0 connected to ADC data pins
void ADC_Init();
unsigned char ADC_Read();
void delay(unsigned int ms);
void main() {
    unsigned char adc_value;
    ADC_Init();    // Initialize ADC
    while (1) {
        adc_value = ADC_Read();   // Read ADC value
        P1 = adc_value;          // Display raw ADC value on Port 1
        delay(500);              // Delay 500 ms
    }
}
void ADC_Init() {
    CS = 1;  // Disable ADC
    RD = 1;  // Set read high
    WR = 1;  // Set write high
}
unsigned char ADC_Read() {
    unsigned char adc_value;
    CS = 0;  // Enable ADC
    WR = 0;  // Start conversion
    WR = 1;
```

```c
    while (INTR == 1);  // Wait for conversion to complete
    RD = 0;  // Read ADC value
    adc_value = ADC_DATA;
    RD = 1;
    CS = 1;  // Disable ADC
    return adc_value;
}
void delay(unsigned int ms) {
    unsigned int i, j;
    for (i = 0; i < ms; i++) {
        for (j = 0; j < 123; j++);
    }
}
```

Gas Sensor Interface

```c
#include <reg51.h>
sbit CS = P3^7;    // Chip select pin
sbit RD = P3^6;    // Read pin
sbit WR = P3^5;    // Write pin
sbit INTR = P3^4;  // Interrupt pin
sfr ADC_DATA = 0x80; // Port 0 connected to ADC data pins
void ADC_Init();
unsigned char ADC_Read();
void delay(unsigned int ms);
void main() {
    unsigned char adc_value;
    ADC_Init();    // Initialize ADC
    while (1) {
        adc_value = ADC_Read();  // Read ADC value
        P1 = adc_value;          // Display raw ADC value on Port 1
        delay(500);              // Delay 500 ms
    }
```

```c
}
void ADC_Init() {
    CS = 1;  // Disable ADC
    RD = 1;  // Set read high
    WR = 1;  // Set write high
}
unsigned char ADC_Read() {
    unsigned char adc_value;
    CS = 0;  // Enable ADC
    WR = 0;  // Start conversion
    WR = 1;
    while (INTR == 1);  // Wait for conversion to complete
    RD = 0;  // Read ADC value
    adc_value = ADC_DATA;
    RD = 1;
    CS = 1;  // Disable ADC
    return adc_value;
}
void delay(unsigned int ms) {
    unsigned int i, j;
    for (i = 0; i < ms; i++) {
        for (j = 0; j < 123; j++);
    }
}
```

Touch Sensor Interface

```c
#include <reg51.h>
sbit TOUCH_SENSOR = P2^0;  // Touch sensor connected to P2.0
sbit LED = P1^0;           // LED connected to P1.0
void main() {
    while (1) {
        if (TOUCH_SENSOR == 1) {  // Touch detected
```

```c
      LED = 1;              // Turn on LED
   } else {
     LED = 0;               // Turn off LED
   }
  }
}
```

Heartbeat Sensor Interface

```c
#include <reg51.h>
sbit CS = P3^7;    // Chip select pin
sbit RD = P3^6;    // Read pin
sbit WR = P3^5;    // Write pin
sbit INTR = P3^4;  // Interrupt pin
sfr ADC_DATA = 0x80; // Port 0 connected to ADC data pins
void ADC_Init();
unsigned char ADC_Read();
void delay(unsigned int ms);
void main() {
   unsigned char adc_value;
   ADC_Init();   // Initialize ADC
   while (1) {
     adc_value = ADC_Read();   // Read ADC value
     P1 = adc_value;           // Display raw ADC value on Port 1
     delay(500);               // Delay 500 ms
   }
}
void ADC_Init() {
   CS = 1; // Disable ADC
   RD = 1; // Set read high
   WR = 1; // Set write high
}
unsigned char ADC_Read() {
```

```c
    unsigned char adc_value;
    CS = 0;  // Enable ADC
    WR = 0;  // Start conversion
    WR = 1;
    while (INTR == 1);  // Wait for conversion to complete
    RD = 0;  // Read ADC value
    adc_value = ADC_DATA;
    RD = 1;
    CS = 1;  // Disable ADC
    return adc_value;
}
void delay(unsigned int ms) {
    unsigned int i, j;
    for (i = 0; i < ms; i++) {
        for (j = 0; j < 123; j++);
    }
}
```

Stepper Motor Control

```c
#include <reg51.h>
sbit IN1 = P2^0;  // IN1 connected to P2.0
sbit IN2 = P2^1;  // IN2 connected to P2.1
sbit IN3 = P2^2;  // IN3 connected to P2.2
sbit IN4 = P2^3;  // IN4 connected to P2.3
void delay(unsigned int ms);
void stepper_motor_clockwise();
void stepper_motor_counterclockwise();
void main() {
    while (1) {
        stepper_motor_clockwise();
        delay(1000);
        stepper_motor_counterclockwise();
```

```c
        delay(1000);
    }
}
void stepper_motor_clockwise() {
    IN1 = 1; IN2 = 0; IN3 = 0; IN4 = 0;
    delay(10);
    IN1 = 0; IN2 = 1; IN3 = 0; IN4 = 0;
    delay(10);
    IN1 = 0; IN2 = 0; IN3 = 1; IN4 = 0;
    delay(10);
    IN1 = 0; IN2 = 0; IN3 = 0; IN4 = 1;
    delay(10);
}
void stepper_motor_counterclockwise() {
    IN1 = 0; IN2 = 0; IN3 = 0; IN4 = 1;
    delay(10);
    IN1 = 0; IN2 = 0; IN3 = 1; IN4 = 0;
    delay(10);
    IN1 = 0; IN2 = 1; IN3 = 0; IN4 = 0;
    delay(10);
    IN1 = 1; IN2 = 0; IN3 = 0; IN4 = 0;
    delay(10);
}
void delay(unsigned int ms) {
    unsigned int i, j;
    for (i = 0; i < ms; i++) {
        for (j = 0; j < 123; j++);
    }
}
```

DC Motor Control

```c
#include <reg51.h>
```

```c
sbit IN1 = P2^0;  // IN1 connected to P2.0
sbit IN2 = P2^1;  // IN2 connected to P2.1
sbit EN = P2^2;   // Enable pin connected to P2.2
void delay(unsigned int ms);
void main() {
    while (1) {
        IN1 = 1;  // Set IN1 high
        IN2 = 0;  // Set IN2 low
        EN = 1;   // Enable the motor
        delay(1000);
        IN1 = 0;  // Set IN1 low
        IN2 = 1;  // Set IN2 high
        delay(1000);
        EN = 0;   // Disable the motor
        dclay(1000);
    }
}
void delay(unsigned int ms) {
    unsigned int i, j;
    for (i = 0; i < ms; i++) {
        for (j = 0; j < 123; j++);
    }
}
```

Servo Motor Control

```c
#include <reg51.h>
sbit SERVO = P2^0;  // Servo motor connected to P2.0
void delay(unsigned int ms);
void servo_angle(unsigned char angle);
void main() {
    while (1) {
        servo_angle(0);   // Set servo to 0 degrees
```

```c
        delay(1000);       // Delay 1 second
        servo_angle(90);  // Set servo to 90 degrees
        delay(1000);       // Delay 1 second
        servo_angle(180); // Set servo to 180 degrees
        delay(1000);       // Delay 1 second
    }
}
void delay(unsigned int ms) {
    unsigned int i, j;
    for (i = 0; i < ms; i++) {
        for (j = 0; j < 123; j++);
    }
}
void servo_angle(unsigned char angle) {
    unsigned int pulse_width;
    pulse_width = (angle * 2000 / 180) + 500; // Convert angle to pulse width (500us
to 2500us)
     SERVO = 1;
    delay(pulse_width / 1000);                // High pulse for calculated width
    SERVO = 0;
    delay(20 - pulse_width / 1000);           // Remaining period (20ms - pulse width)
}
```

Relay Control

```c
#include <reg51.h>
sbit RELAY = P2^0;  // Relay connected to P2.0
void delay(unsigned int ms);
void main() {
    while (1) {
        RELAY = 1; // Turn on relay
        delay(1000); // Delay 1 second
        RELAY = 0; // Turn off relay
```

```c
        delay(1000); // Delay 1 second
    }
}
void delay(unsigned int ms) {
    unsigned int i, j;
    for (i = 0; i < ms; i++) {
        for (j = 0; j < 123; j++);
    }
}
```

Buzzer Control

```c
#include <reg51.h>
sbit BUZZER = P2^0;  // Buzzer connected to P2.0
void delay(unsigned int ms);
void main() {
    while (1) {
        BUZZER = 1; // Turn on buzzer
        delay(500); // Delay 500 ms
        BUZZER = 0; // Turn off buzzer
        delay(500); // Delay 500 ms
    }
}
void delay(unsigned int ms) {
    unsigned int i, j;
    for (i = 0; i < ms; i++) {
        for (j = 0; j < 123; j++);
    }
}
```

RGB LED Control

```c
#include <reg51.h>
sbit RED = P2^0;   // Red LED connected to P2.0
```

```c
sbit GREEN = P2^1; // Green LED connected to P2.1
sbit BLUE = P2^2;  // Blue LED connected to P2.2
void delay(unsigned int ms);
void main() {
    while (1) {
        RED = 1; GREEN = 0; BLUE = 0; // Red color
        delay(1000);                // Delay 1 second
        RED = 0; GREEN = 1; BLUE = 0; // Green color
        delay(1000);                // Delay 1 second
        RED = 0; GREEN = 0; BLUE = 1; // Blue color
        delay(1000);                // Delay 1 second
        RED = 1; GREEN = 1; BLUE = 0; // Yellow color
        delay(1000);                // Delay 1 second
        RED = 1; GREEN = 0; BLUE = 1; // Magenta color
        delay(1000);                // Delay 1 second
        RED = 0; GREEN = 1; BLUE = 1; // Cyan color
        delay(1000);                // Delay 1 second
        RED = 1; GREEN = 1; BLUE = 1; // White color
        delay(1000);                // Delay 1 second
    }
}
void delay(unsigned int ms) {
    unsigned int i, j;
    for (i = 0; i < ms; i++) {
        for (j = 0; j < 123; j++);
    }
}
```

Keypad Interface

```c
#include <reg51.h>
sbit R1 = P2^0; // Row 1
sbit R2 = P2^1; // Row 2
```

```c
sbit R3 = P2^2; // Row 3
sbit R4 = P2^3; // Row 4
sbit C1 = P2^4; // Column 1
sbit C2 = P2^5; // Column 2
sbit C3 = P2^6; // Column 3
sbit C4 = P2^7; // Column 4
char get_key();
void main() {
    char key;
    while (1) {
        key = get_key();
        P1 = key; // Display key value on Port 1
    }
}
char get_key() {
    C1 = 0; C2 = 1; C3 = 1; C4 = 1;
    if (R1 == 0) { while (R1 == 0); return '1'; }
    if (R2 == 0) { while (R2 == 0); return '4'; }
    if (R3 == 0) { while (R3 == 0); return '7'; }
    if (R4 == 0) { while (R4 == 0); return '*'; }
    C1 = 1; C2 = 0; C3 = 1; C4 = 1;
    if (R1 == 0) { while (R1 == 0); return '2'; }
    if (R2 == 0) { while (R2 == 0); return '5'; }
    if (R3 == 0) { while (R3 == 0); return '8'; }
    if (R4 == 0) { while (R4 == 0); return '0'; }
    C1 = 1; C2 = 1; C3 = 0; C4 = 1;
    if (R1 == 0) { while (R1 == 0); return '3'; }
    if (R2 == 0) { while (R2 == 0); return '6'; }
    if (R3 == 0) { while (R3 == 0); return '9'; }
    if (R4 == 0) { while (R4 == 0); return '#'; }
    C1 = 1; C2 = 1; C3 = 1; C4 = 0;
    if (R1 == 0) { while (R1 == 0); return 'A'; }
```

```c
  if (R2 == 0) { while (R2 == 0); return 'B'; }

  if (R3 == 0) { while (R3 == 0); return 'C'; }

  if (R4 == 0) { while (R4 == 0); return 'D'; }

  return 0;

}
```

Real-Time Clock (RTC) Interface

```c
#include <reg51.h>

#define SDA P2^0  // I2C Data pin

#define SCL P2^1  // I2C Clock pin

void I2C_Start();

void I2C_Stop();

void I2C_Write(unsigned char);

unsigned char I2C_Read();

void I2C_Ack();

void I2C_NoAck();

void RTC_Write(unsigned char, unsigned char);

unsigned char RTC_Read(unsigned char);

void delay(unsigned int ms);

void main() {

  unsigned char sec, min, hour;

  I2C_Start();

  RTC_Write(0x00, 0x00); // Set seconds to 00

  RTC_Write(0x01, 0x00); // Set minutes to 00

  RTC_Write(0x02, 0x12); // Set hours to 12 (24-hour format)

  I2C_Stop();

  while (1) {

    sec = RTC_Read(0x00); // Read seconds

    min = RTC_Read(0x01); // Read minutes

    hour = RTC_Read(0x02); // Read hours

    P1 = sec; // Display seconds on Port 1

    delay(1000); // Delay 1 second
```

```c
    }
}
void I2C_Start() {
   SDA = 1;
   SCL = 1;
   SDA = 0;
   SCL = 0;
}
void I2C_Stop() {
   SDA = 0;
   SCL = 1;
   SDA = 1;
}
void I2C_Write(unsigned char data) {
   unsigned char i;
   for (i = 0; i < 8; i++) {
      SDA = (data & 0x80) ? 1 : 0;
      SCL = 1;
      SCL = 0;
      data <<= 1;
   }
   SDA = 1;
   SCL = 1;
   SCL = 0;
}
unsigned char I2C_Read() {
   unsigned char i, data = 0;
   for (i = 0; i < 8; i++) {
      SCL = 1;
      data = (data << 1) | SDA;
      SCL = 0;
   }
```

```c
    return data;
}
void I2C_Ack() {
   SDA = 0;
   SCL = 1;
   SCL = 0;
}
void I2C_NoAck() {
   SDA = 1;
   SCL = 1;
   SCL = 0;
}
void RTC_Write(unsigned char addr, unsigned char data) {
   I2C_Start();
   I2C_Write(0xD0); // DS1307 address + write bit
   I2C_Ack();
   I2C_Write(addr); // Register address
   I2C_Ack();
   I2C_Write(data); // Data
   I2C_Ack();
   I2C_Stop();
}
unsigned char RTC_Read(unsigned char addr) {
   unsigned char data;
   I2C_Start();
   I2C_Write(0xD0); // DS1307 address + write bit
   I2C_Ack();
   I2C_Write(addr); // Register address
   I2C_Ack();
   I2C_Start();
   I2C_Write(0xD1); // DS1307 address + read bit
   I2C_Ack();
```

```c
    data = I2C_Read();
    I2C_NoAck();
    I2C_Stop();
    return data;
}
void delay(unsigned int ms) {
    unsigned int i, j;
    for (i = 0; i < ms; i++) {
        for (j = 0; j < 123; j++);
    }
}
```

EEPROM Interface

```c
#include <reg51.h>
#dcfinc SDA P2^0  // I2C Data pin
#define SCL P2^1  // I2C Clock pin
void I2C_Start();
void I2C_Stop();
void I2C_Write(unsigned char);
unsigned char I2C_Read();
void I2C_Ack();
void I2C_NoAck();
void EEPROM_Write(unsigned char, unsigned char);
unsigned char EEPROM_Read(unsigned char);
void delay(unsigned int ms);
void main() {
    unsigned char data;
    EEPROM_Write(0x00, 0x55); // Write 0x55 to address 0x00
    while (1) {
        data = EEPROM_Read(0x00); // Read data from address 0x00
        P1 = data; // Display data on Port 1
        delay(1000); // Delay 1 second
```

```c
      }
}
void I2C_Start() {
   SDA = 1;
   SCL = 1;
   SDA = 0;
   SCL = 0;
}
void I2C_Stop() {
   SDA = 0;
   SCL = 1;
   SDA = 1;
}
void I2C_Write(unsigned char data) {
   unsigned char i;
   for (i = 0; i < 8; i++) {
      SDA = (data & 0x80) ? 1 : 0;
      SCL = 1;
      SCL = 0;
      data <<= 1;
   }
   SDA = 1;
   SCL = 1;
   SCL = 0;
}
unsigned char I2C_Read() {
   unsigned char i, data = 0;
   for (i = 0; i < 8; i++) {
      SCL = 1;
      data = (data << 1) | SDA;
      SCL = 0;
   }
```

```c
    return data;
}
void I2C_Ack() {
   SDA = 0;
   SCL = 1;
   SCL = 0;
}
void I2C_NoAck() {
   SDA = 1;
   SCL = 1;
   SCL = 0;
}
void EEPROM_Write(unsigned char addr, unsigned char data) {
   I2C_Start();
   I2C_Write(0xA0); // 24C02 address + write bit
   I2C_Ack();
   I2C_Write(addr); // Register address
   I2C_Ack();
   I2C_Write(data); // Data
   I2C_Ack();
   I2C_Stop();
}
unsigned char EEPROM_Read(unsigned char addr) {
   unsigned char data;
   I2C_Start();
   I2C_Write(0xA0); // 24C02 address + write bit
   I2C_Ack();
   I2C_Write(addr); // Register address
   I2C_Ack();
   I2C_Start();
   I2C_Write(0xA1); // 24C02 address + read bit
   I2C_Ack();
```

```c
    data = I2C_Read();
    I2C_NoAck();
    I2C_Stop();
    return data;
}
void delay(unsigned int ms) {
    unsigned int i, j;
    for (i = 0; i < ms; i++) {
        for (j = 0; j < 123; j++);
    }
}
```

Flash Memory Interface

```c
#include <reg51.h>
sbit CS = P3^7; // Chip select pin for SPI
sbit MOSI = P3^5; // Master Out Slave In for SPI
sbit MISO = P3^6; // Master In Slave Out for SPI
sbit SCK = P3^4; // Serial Clock for SPI
void SPI_Init();
void SPI_Write(unsigned char);
unsigned char SPI_Read();
void Flash_Write_Enable();
void Flash_Write(unsigned long, unsigned char);
unsigned char Flash_Read(unsigned long);
void delay(unsigned int);
void main() {
    unsigned char data;
    SPI_Init();
    Flash_Write_Enable();
    Flash_Write(0x000000, 0x55); // Write 0x55 to address 0x000000
    data = Flash_Read(0x000000); // Read data from address 0x000000
    P1 = data; // Display data on Port 1
```

```c
   while(1);
}
void SPI_Init() {
   CS = 1;
   SCK = 0;
}
void SPI_Write(unsigned char data) {
   unsigned char i;
   for (i = 0; i < 8; i++) {
      MOSI = (data & 0x80) ? 1 : 0;
      SCK = 1;
      data <<= 1;
      SCK = 0;
   }
}
unsigned char SPI_Read() {
   unsigned char i, data = 0;
   for (i = 0; i < 8; i++) {
      SCK = 1;
      data = (data << 1) | MISO;
      SCK = 0;
   }
   return data;
}
void Flash_Write_Enable() {
   CS = 0;
   SPI_Write(0x06); // Write Enable command
   CS = 1;
}
void Flash_Write(unsigned long addr, unsigned char data) {
   CS = 0;
   SPI_Write(0x02); // Page Program command
```

```c
    SPI_Write((addr >> 16) & 0xFF);
    SPI_Write((addr >> 8) & 0xFF);
    SPI_Write(addr & 0xFF);
    SPI_Write(data);
    CS = 1;
    delay(10); // Wait for write to complete
}
unsigned char Flash_Read(unsigned long addr) {
    unsigned char data;
    CS = 0;
    SPI_Write(0x03); // Read Data command
    SPI_Write((addr >> 16) & 0xFF);
    SPI_Write((addr >> 8) & 0xFF);
    SPI_Write(addr & 0xFF);
    data = SPI_Read();
    CS = 1;
    return data;
}
void delay(unsigned int ms) {
    unsigned int i, j;
    for (i = 0; i < ms; i++) {
        for (j = 0; j < 123; j++);
    }
}
```

External Memory Interface

```c
#include <reg51.h>
sbit WR = P3^6; // Write pin
sbit RD = P3^7; // Read pin
sbit ALE = P2^6; // Address Latch Enable
void delay(unsigned int);
```

```c
void main() {
    unsigned char data;
    P0 = 0x55; // Data to write
    P2 = 0x00; // Address MSB
    P0 = 0x01; // Address LSB
    ALE = 1; // Latch address
    ALE = 0;
    WR = 0; // Write operation
    WR = 1;
    P2 = 0x00; // Address MSB
    P0 = 0x01; // Address LSB
    ALE = 1; // Latch address
    ALE = 0;
    RD = 0; // Read operation
    data = P0; // Rcad data
    RD = 1;
    P1 = data; // Display data on Port 1
    while(1);
}
void delay(unsigned int ms) {
    unsigned int i, j;
    for (i = 0; i < ms; i++) {
        for (j = 0; j < 123; j++);
    }
}
```

USB Interface

```c
#include <reg51.h>
void UART_Init();
void UART_Tx(char);
char UART_Rx();
void delay(unsigned int);
```

```c
void main() {
    char data;
    UART_Init();
    UART_Tx('H'); // Transmit 'H'
    data = UART_Rx(); // Receive data
    P1 = data; // Display data on Port 1
    while(1);
}
void UART_Init() {
    TMOD = 0x20; // Timer1 in Mode2
    TH1 = 0xFD; // Baud rate 9600
    SCON = 0x50; // Mode1, 8-bit UART
    TR1 = 1; // Start Timer1
}
void UART_Tx(char data) {
    SBUF = data; // Load data in SBUF
    while (TI == 0); // Wait until transmission is complete
    TI = 0; // Clear TI flag
}
char UART_Rx() {
    while (RI == 0); // Wait until reception is complete
    RI = 0; // Clear RI flag
    return SBUF; // Return received data
}
void delay(unsigned int ms) {
    unsigned int i, j;
    for (i = 0; i < ms; i++) {
        for (j = 0; j < 123; j++);
    }
}
```

CAN Bus Communication

```c
#include <reg51.h>
sbit CS = P3^7; // Chip select pin for SPI
sbit MOSI = P3^5; // Master Out Slave In for SPI
sbit MISO = P3^6; // Master In Slave Out for SPI
sbit SCK = P3^4; // Serial Clock for SPI
void SPI_Init();
void SPI_Write(unsigned char);
unsigned char SPI_Read();
void CAN_Init();
void CAN_Write(unsigned char, unsigned char);
unsigned char CAN_Read(unsigned char);
void delay(unsigned int);
void main() {
    unsigned char data;
    SPI_Init();
    CAN_Init();
    CAN_Write(0x31, 0x55); // Write 0x55 to address 0x31
    data = CAN_Read(0x31); // Read data from address 0x31
    P1 = data; // Display data on Port 1
    while(1);
}
void SPI_Init() {
    CS = 1;
    SCK = 0;
}
void SPI_Write(unsigned char data) {
    unsigned char i;
    for (i = 0; i < 8; i++) {
        MOSI = (data & 0x80) ? 1 : 0;
        SCK = 1;
```

```c
    data <<= 1;
    SCK = 0;
  }
}
unsigned char SPI_Read() {
  unsigned char i, data = 0;
  for (i = 0; i < 8; i++) {
    SCK = 1;
    data = (data << 1) | MISO;
    SCK = 0;
  }
  return data;
}
void CAN_Init() {
  CS = 0;
  SPI_Write(0xC0); // Reset command
  CS = 1;
  delay(10);
}
void CAN_Write(unsigned char addr, unsigned char data) {
  CS = 0;
  SPI_Write(0x02); // Write command
  SPI_Write(addr);
  SPI_Write(data);
  CS = 1;
}
unsigned char CAN_Read(unsigned char addr) {
  unsigned char data;
  CS = 0;
  SPI_Write(0x03); // Read command
  SPI_Write(addr);
  data = SPI_Read();
```

```c
    CS = 1;

    return data;

}

void delay(unsigned int ms) {

    unsigned int i, j;

    for (i = 0; i < ms; i++) {

        for (j = 0; j < 123; j++);

    }

}
```

GSM Module Interface

```c
#include <reg51.h>

void UART_Init();

void UART_Tx(char);

void UART_TxString(char *);

char UART_Rx();

void delay(unsigned int);

void main() {

    char data;

    UART_Init();

    UART_TxString("AT\r"); // Send AT command

    delay(1000);

    while (1) {

        data = UART_Rx(); // Receive data

        P1 = data; // Display data on Port 1

    }

}

void UART_Init() {

    TMOD = 0x20; // Timer1 in Mode2

    TH1 = 0xFD; // Baud rate 9600

    SCON = 0x50; // Mode1, 8-bit UART

    TR1 = 1; // Start Timer1
```

```c
}
void UART_Tx(char data) {
    SBUF = data; // Load data in SBUF
    while (TI == 0); // Wait until transmission is complete
    TI = 0; // Clear TI flag
}
void UART_TxString(char *str) {
    while (*str) {
        UART_Tx(*str++);
    }
}
char UART_Rx() {
    while (RI == 0); // Wait until reception is complete
    RI = 0; // Clear RI flag
    return SBUF; // Return received data
}
void delay(unsigned int ms) {
    unsigned int i, j;
    for (i = 0; i < ms; i++) {
        for (j = 0; j < 123; j++);
    }
}
```

GPS Module Interface

```c
#include <reg51.h>
#include <stdio.h>
void UART_Init();
void UART_Tx(char);
char UART_Rx();
void UART_RxString(char *buffer, int length);
void main() {
    char gps_data[100];
```

```c
  UART_Init();
  while (1) {
    UART_RxString(gps_data, 100); // Receive GPS data
    // Assuming GPS data is displayed on Port 1 (e.g., LCD or terminal)
    P1 = gps_data[0]; // Display the first character for simplicity
  }
}
void UART_Init() {
  TMOD = 0x20; // Timer1 in Mode2
  TH1 = 0xFD; // Baud rate 9600
  SCON = 0x50; // Mode1, 8-bit UART
  TR1 = 1; // Start Timer1
}
void UART_Tx(char data) {
  SBUF = data; // Load data in SBUF
  while (TI == 0); // Wait until transmission is complete
  TI = 0; // Clear TI flag
}
char UART_Rx() {
  while (RI == 0); // Wait until reception is complete
  RI = 0; // Clear RI flag
  return SBUF; // Return received data
}
void UART_RxString(char *buffer, int length) {
  int i;
  for (i = 0; i < length; i++) {
    buffer[i] = UART_Rx();
    if (buffer[i] == '\n') break; // End of line
  }
  buffer[i] = '\0'; // Null-terminate the string
}
```

Bluetooth Module Interface

```c
#include <reg51.h>
void UART_Init();
void UART_Tx(char);
void UART_TxString(char *);
char UART_Rx();
void main() {
    char data;
    UART_Init();
    while (1) {
        data = UART_Rx(); // Receive data from Bluetooth module
        UART_Tx(data); // Echo received data back
        P1 = data; // Display data on Port 1
    }
}
void UART_Init() {
    TMOD = 0x20; // Timer1 in Mode2
    TH1 = 0xFD; // Baud rate 9600
    SCON = 0x50; // Mode1, 8-bit UART
    TR1 = 1; // Start Timer1
}
void UART_Tx(char data) {
    SBUF = data; // Load data in SBUF
    while (TI == 0); // Wait until transmission is complete
    TI = 0; // Clear TI flag
}
char UART_Rx() {
    while (RI == 0); // Wait until reception is complete
    RI = 0; // Clear RI flag
    return SBUF; // Return received data
}
```

Wi-Fi Module Interface

```c
#include <reg51.h>
void UART_Init();
void UART_Tx(char);
void UART_TxString(char *);
char UART_Rx();
void UART_RxString(char *buffer, int length);
void delay(unsigned int);
void main() {
    char wifi_data[100];
    UART_Init();
    UART_TxString("AT\r\n"); // Send AT command
    delay(1000); // Wait for response
    while (1) {
        UART_RxString(wifi_data, 100); // Receive Wi-Fi data
        // Assuming Wi-Fi data is displayed on Port 1 (e.g., LCD or terminal)
        P1 = wifi_data[0]; // Display the first character for simplicity
    }
}
void UART_Init() {
    TMOD = 0x20; // Timer1 in Mode2
    TH1 = 0xFD; // Baud rate 9600
    SCON = 0x50; // Mode1, 8-bit UART
    TR1 = 1; // Start Timer1
}
void UART_Tx(char data) {
    SBUF = data; // Load data in SBUF
    while (TI == 0); // Wait until transmission is complete
    TI = 0; // Clear TI flag
}
```

```c
void UART_TxString(char *str) {
    while (*str) {
        UART_Tx(*str++);
    }
}
char UART_Rx() {
    while (RI == 0); // Wait until reception is complete
    RI = 0; // Clear RI flag
    return SBUF; // Return received data
}
void UART_RxString(char *buffer, int length) {
    int i;
    for (i = 0; i < length; i++) {
        buffer[i] = UART_Rx();
        if (buffer[i] == '\n') break; // End of line
    }
    buffer[i] = '\0'; // Null-terminate the string
}
void delay(unsigned int ms) {
    unsigned int i, j;
    for (i = 0; i < ms; i++) {
        for (j = 0; j < 123; j++);
    }
}
```

RF Module Interface

```c
#include <reg51.h>
void UART_Init();
void UART_Tx(char);
char UART_Rx();
void delay(unsigned int);
void main() {
```

```c
    char data;
    UART_Init();
    while (1) {
        data = UART_Rx(); // Receive data from RF module
        UART_Tx(data); // Echo received data back
        P1 = data; // Display data on Port 1
    }
}
void UART_Init() {
    TMOD = 0x20; // Timer1 in Mode2
    TH1 = 0xFD; // Baud rate 9600
    SCON = 0x50; // Mode1, 8-bit UART
    TR1 = 1; // Start Timer1
}
void UART_Tx(char data) {
    SBUF = data; // Load data in SBUF
    while (TI == 0); // Wait until transmission is complete
    TI = 0; // Clear TI flag
}
char UART_Rx() {
    while (RI == 0); // Wait until reception is complete
    RI = 0; // Clear RI flag
    return SBUF; // Return received data
}
```

ZigBee Module Interface

```c
#include <reg51.h>
void UART_Init();
void UART_Tx(char);
void UART_TxString(char *);
char UART_Rx();
void UART_RxString(char *buffer, int length);
```

```c
void delay(unsigned int);
void main() {
    char zigbee_data[100];
    UART_Init();
    UART_TxString("Hello ZigBee\r\n"); // Send data to ZigBee module
    delay(1000); // Wait for response
    while (1) {
        UART_RxString(zigbee_data, 100); // Receive ZigBee data
        P1 = zigbee_data[0]; // Display the first character for simplicity
    }
}
void UART_Init() {
    TMOD = 0x20; // Timer1 in Mode2
    TH1 = 0xFD; // Baud rate 9600
    SCON = 0x50; // Mode1, 8-bit UART
    TR1 = 1; // Start Timer1
}
void UART_Tx(char data) {
    SBUF = data; // Load data in SBUF
    while (TI == 0); // Wait until transmission is complete
    TI = 0; // Clear TI flag
}
void UART_TxString(char *str) {
    while (*str) {
        UART_Tx(*str++);
    }
}
char UART_Rx() {
    while (RI == 0); // Wait until reception is complete
    RI = 0; // Clear RI flag
    return SBUF; // Return received data
}
```

```c
void UART_RxString(char *buffer, int length) {
    int i;
    for (i = 0; i < length; i++) {
        buffer[i] = UART_Rx();
        if (buffer[i] == '\n') break; // End of line
    }
    buffer[i] = '\0'; // Null-terminate the string
}
void delay(unsigned int ms) {
    unsigned int i, j;
    for (i = 0; i < ms; i++) {
        for (j = 0; j < 123; j++);
    }
}
```

Infrared Communication

```c
#include <reg51.h>
void UART_Init();
void UART_Tx(char);
char UART_Rx();
void delay(unsigned int);
void main() {
    char ir_data;
    UART_Init();
    while (1) {
        ir_data = UART_Rx(); // Receive data from IR receiver
        UART_Tx(ir_data); // Echo received data back
        P1 = ir_data; // Display data on Port 1
    }
}
void UART_Init() {
```

```c
   TMOD = 0x20; // Timer1 in Mode2
   TH1 = 0xFD; // Baud rate 9600
   SCON = 0x50; // Mode1, 8-bit UART
   TR1 = 1; // Start Timer1
}
void UART_Tx(char data) {
   SBUF = data; // Load data in SBUF
   while (TI == 0); // Wait until transmission is complete
   TI = 0; // Clear TI flag
}
char UART_Rx() {
   while (RI == 0); // Wait until reception is complete
   RI = 0; // Clear RI flag
   return SBUF; // Return received data
}
void delay(unsigned int ms) {
   unsigned int i, j;
   for (i = 0; i < ms; i++) {
      for (j = 0; j < 123; j++);
   }
}
```

Ultrasonic Sensor Interface

```c
#include <reg51.h>
sbit TRIG = P2^0; // Trigger pin
sbit ECHO = P2^1; // Echo pin
void delay(unsigned int);
unsigned int get_distance();
void main() {
   unsigned int distance;
   while (1) {
      distance = get_distance();
```

```c
    P1 = distance; // Display distance on Port 1
    delay(100); // Delay for readability
  }
}
void delay(unsigned int ms) {
  unsigned int i, j;
  for (i = 0; i < ms; i++) {
    for (j = 0; j < 123; j++);
  }
}
unsigned int get_distance() {
  unsigned int time;
  unsigned int distance;
  TRIG = 0; // Clear TRIG pin
  delay(2);
  TRIG = 1; // Set TRIG pin high for 10us
  delay(10);
  TRIG = 0; // Clear TRIG pin
  while (!ECHO); // Wait for ECHO pin to go high
  TR0 = 1; // Start Timer0
  while (ECHO); // Wait for ECHO pin to go low
  TR0 = 0; // Stop Timer0
  time = (TH0 << 8) | TL0; // Read timer value
  distance = (time * 0.034) / 2; // Calculate distance in cm
  TH0 = 0; // Clear Timer0
  TL0 = 0;
  return distance;
}
```

Analog to Digital Conversion (ADC)

```c
#include <reg51.h>
```

```c
sbit CS = P3^0; // Chip select
sbit RD = P3^1; // Read pin
sbit WR = P3^2; // Write pin
sbit INTR = P3^3; // Interrupt pin
sbit DATA = P1; // Data port
void delay(unsigned int);
unsigned char ADC_Read();
void main() {
    unsigned char adc_value;
    while (1) {
        adc_value = ADC_Read();
        P2 = adc_value; // Display ADC value on Port 2
        delay(100);
    }
}
void delay(unsigned int ms) {
    unsigned int i, j;
    for (i = 0; i < ms; i++) {
        for (j = 0; j < 123; j++);
    }
}
unsigned char ADC_Read() {
    unsigned char adc_value;
    CS = 0; // Select ADC
    WR = 0; // Start conversion
    delay(1);
    WR = 1;
    while (INTR); // Wait for conversion to complete
    RD = 0; // Read data
    adc_value = DATA; // Read data from port
    RD = 1;
    CS = 1; // Deselect ADC
```

```c
   return adc_value;
}
```

Digital to Analog Conversion (DAC)

```c
#include <reg51.h>
void delay(unsigned int);
void main() {
   unsigned char dac_value;
   while (1) {
      for (dac_value = 0; dac_value < 255; dac_value++) {
         P1 = dac_value; // Send DAC value to Port 1
         delay(10); // Delay for smooth waveform
      }
   }
}
void delay(unsigned int ms) {
   unsigned int i, j;
   for (i = 0; i < ms; i++) {
      for (j = 0; j < 123; j++);
   }
}
```

Pulse Width Modulation (PWM)

```c
#include <reg51.h>
void delay(unsigned int);
void main() {
   unsigned int duty_cycle;
   TMOD = 0x02; // Timer0 mode 2 (8-bit auto-reload)
   TH0 = 0x00; // Initial value
   TR0 = 1; // Start Timer0
   while (1) {
      for (duty_cycle = 0; duty_cycle < 256; duty_cycle++) {
```

```c
        P1 = 0xFF; // Turn on all bits
        delay(duty_cycle); // On time
        P1 = 0x00; // Turn off all bits
        delay(256 - duty_cycle); // Off time
    }
  }
}
void delay(unsigned int count) {
   while (count--);
}
```

Frequency Measurement

```c
#include <reg51.h>
unsigned int overflow_count;
void Timer1_Init();
void Timer0_Delay();
unsigned long Measure_Frequency();
void main() {
   unsigned long frequency;
   Timer1_Init();
   while (1) {
      frequency = Measure_Frequency();
      P1 = (unsigned char)(frequency & 0xFF); // Display lower 8 bits of frequency
on Port 1
      Timer0_Delay(); // Delay for readability
   }
}
void Timer1_Init() {
   TMOD = 0x50; // Timer1 in mode 1 (16-bit), Timer0 in mode 2 (8-bit auto-reload)
   TH1 = 0; // Clear Timer1 high byte
   TL1 = 0; // Clear Timer1 low byte
   TR1 = 1; // Start Timer1
```

```c
    overflow_count = 0;

    ET1 = 1; // Enable Timer1 interrupt

    EA = 1; // Enable global interrupt

}

void Timer0_Delay() {

    TMOD = (TMOD & 0xF0) | 0x02; // Timer0 in mode 2 (8-bit auto-reload)

    TH0 = 0x00; // Set reload value

    TL0 = 0x00; // Clear Timer0

    TR0 = 1; // Start Timer0

    while (TF0 == 0); // Wait until Timer0 overflows

    TR0 = 0; // Stop Timer0

    TF0 = 0; // Clear overflow flag

}

unsigned long Measure_Frequency() {

    unsigned int timer_value;

    unsigned long frequency;

    overflow_count = 0;

    TR1 = 1; // Start Timer1

    Timer0_Delay(); // Delay for 1 second (approx)

    TR1 = 0; // Stop Timer1

    timer_value = (TH1 << 8) | TL1; // Read Timer1 value

    frequency = (overflow_count << 16) + timer_value; // Calculate frequency

    return frequency;

}

void Timer1_ISR() interrupt 3 {

    overflow_count++; // Increment overflow count on Timer1 overflow

    TH1 = 0; // Clear Timer1 high byte

    TL1 = 0; // Clear Timer1 low byte

}
```

Duty Cycle Measurement

```c
#include <reg51.h>
unsigned int on_time, off_time;
void Timer0_Init();
unsigned int Measure_On_Time();
unsigned int Measure_Off_Time();
unsigned int Measure_Duty_Cycle();
void main() {
    unsigned int duty_cycle;
    Timer0_Init();
    while (1) {
        duty_cycle = Measure_Duty_Cycle();
        P1 = duty_cycle; // Display duty cycle on Port 1
        delay(1000); // Delay for readability
    }
}
void Timer0_Init() {
    TMOD = 0x01; // Timer0 in mode 1 (16-bit)
    TH0 = 0; // Clear Timer0 high byte
    TL0 = 0; // Clear Timer0 low byte
    TR0 = 0; // Stop Timer0
    EA = 1; // Enable global interrupt
    ET0 = 1; // Enable Timer0 interrupt
}
unsigned int Measure_On_Time() {
    while (!P3_0); // Wait for rising edge
    TR0 = 1; // Start Timer0
    while (P3_0); // Wait for falling edge
    TR0 = 0; // Stop Timer0
    return (TH0 << 8) | TL0; // Return Timer0 value
}
```

```c
unsigned int Measure_Off_Time() {
    while (P3_0); // Wait for falling edge
    TR0 = 1; // Start Timer0
    while (!P3_0); // Wait for rising edge
    TR0 = 0; // Stop Timer0
    return (TH0 << 8) | TL0; // Return Timer0 value
}
unsigned int Measure_Duty_Cycle() {
    on_time = Measure_On_Time();
    off_time = Measure_Off_Time();
    return (on_time * 100) / (on_time + off_time); // Calculate duty cycle in
percentage
}
void delay(unsigned int ms) {
    unsigned int i, j;
    for (i = 0; i < ms; i++) {
        for (j = 0; j < 123; j++);
    }
}
```

Capacitance Measurement

```c
#include <reg51.h>
#define THRESHOLD_VOLTAGE 1.5 // Example threshold voltage
void Timer0_Init();
void delay(unsigned int);
unsigned long Measure_Capacitance();
void main() {
    unsigned long capacitance;
    Timer0_Init();
    while (1) {
        capacitance = Measure_Capacitance();
```

```c
    P1 = (unsigned char)(capacitance & 0xFF); // Display lower 8 bits of
capacitance on Port 1
      delay(1000); // Delay for readability
   }
}
void Timer0_Init() {
   TMOD = 0x01; // Timer0 in mode 1 (16-bit)
   TH0 = 0; // Clear Timer0 high byte
   TL0 = 0; // Clear Timer0 low byte
   TR0 = 0; // Stop Timer0
   EA = 1; // Enable global interrupt
   ET0 = 1; // Enable Timer0 interrupt
}
unsigned long Measure_Capacitance() {
   unsigned int timer_value;
   unsigned long capacitance;
   float voltage = 0;
   TR0 = 1; // Start Timer0
   while (voltage < THRESHOLD_VOLTAGE) {
      // Simulate capacitor charging (read voltage here)
      voltage += 0.01; // Example increment (should be replaced with actual voltage
measurement)
   }
   TR0 = 0; // Stop Timer0
   timer_value = (TH0 << 8) | TL0; // Read Timer0 value
   capacitance = timer_value * 1000; // Calculate capacitance (example conversion)
   return capacitance;
}
void delay(unsigned int ms) {
   unsigned int i, j;
   for (i = 0; i < ms; i++) {
      for (j = 0; j < 123; j++);
```

```
    }

}
```

Inductance Measurement

```
#include <reg51.h>
#define KNOWN_CAPACITANCE 100 // Known capacitance in pF
void Timer0_Init();
void delay(unsigned int);
unsigned long Measure_Inductance();
void main() {
    unsigned long inductance;
    Timer0_Init();
    while (1) {
        inductance = Measure_Inductance();
        P1 = (unsigncd char)(inductancc & 0xFF); // Display lower 8 bits of inductance
on Port 1
        delay(1000); // Delay for readability
    }
}
void Timer0_Init() {
    TMOD = 0x01; // Timer0 in mode 1 (16-bit)
    TH0 = 0; // Clear Timer0 high byte
    TL0 = 0; // Clear Timer0 low byte
    TR0 = 0; // Stop Timer0
    EA = 1; // Enable global interrupt
    ET0 = 1; // Enable Timer0 interrupt
}
unsigned long Measure_Inductance() {
    unsigned int timer_value;
    unsigned long inductance;
    TR0 = 1; // Start Timer0
    // Simulate oscillation counting here
```

```c
    delay(1000); // Example delay to simulate oscillation time
    TR0 = 0; // Stop Timer0
    timer_value = (TH0 << 8) | TL0; // Read Timer0 value
    inductance = timer_value * KNOWN_CAPACITANCE; // Calculate inductance
(example conversion)
    return inductance;
}
void delay(unsigned int ms) {
    unsigned int i, j;
    for (i = 0; i < ms; i++) {
        for (j = 0; j < 123; j++);
    }
}
```

Resistance Measurement

```c
#include <reg51.h>
sbit CS = P3^0; // Chip select for ADC
sbit RD = P3^1; // Read pin for ADC
sbit WR = P3^2; // Write pin for ADC
sbit INTR = P3^3; // Interrupt pin for ADC
sbit DATA = P1; // Data port for ADC
void delay(unsigned int);
unsigned char ADC_Read();
unsigned int Measure_Resistance(unsigned char adc_value);
void main() {
    unsigned char adc_value;
    unsigned int resistance;
    while (1) {
        adc_value = ADC_Read();
        resistance = Measure_Resistance(adc_value);
        P2 = (unsigned char)(resistance & 0xFF); // Display lower 8 bits of resistance
on Port 2
```

```c
        delay(1000); // Delay for readability
    }
}
void delay(unsigned int ms) {
    unsigned int i, j;
    for (i = 0; i < ms; i++) {
        for (j = 0; j < 123; j++);
    }
}
unsigned char ADC_Read() {
    unsigned char adc_value;
    CS = 0; // Select ADC
    WR = 0; // Start conversion
    delay(1);
    WR = 1;
    while (INTR); // Wait for conversion to complete
    RD = 0; // Read data
    adc_value = DATA; // Read data from port
    RD = 1;
    CS = 1; // Deselect ADC
    return adc_value;
}
unsigned int Measure_Resistance(unsigned char adc_value) {
    unsigned int resistance;
    float voltage = adc_value * 5.0 / 255.0; // Convert ADC value to voltage
(assuming 5V reference)
    float known_resistor = 1000.0; // Known resistor value in ohms
    resistance = (known_resistor * voltage) / (5.0 - voltage); // Calculate resistance
    return (unsigned int)resistance;
}
```

Voltage Measurement

```c
#include <reg51.h>
sbit CS = P3^0; // Chip select for ADC
sbit RD = P3^1; // Read pin for ADC
sbit WR = P3^2; // Write pin for ADC
sbit INTR = P3^3; // Interrupt pin for ADC
sbit DATA = P1; // Data port for ADC
void delay(unsigned int);
unsigned char ADC_Read();
unsigned int Measure_Voltage(unsigned char adc_value);
void main() {
    unsigned char adc_value;
    unsigned int voltage;
    while (1) {
        adc_value = ADC_Read();
        voltage = Measure_Voltage(adc_value);
        P2 = (unsigned char)(voltage & 0xFF); // Display lower 8 bits of voltage on Port 2
        delay(1000); // Delay for readability
    }
}
void delay(unsigned int ms) {
    unsigned int i, j;
    for (i = 0; i < ms; i++) {
        for (j = 0; j < 123; j++);
    }
}
unsigned char ADC_Read() {
    unsigned char adc_value;
    CS = 0; // Select ADC
    WR = 0; // Start conversion
    delay(1);
```

```c
    WR = 1;
    while (INTR); // Wait for conversion to complete
    RD = 0; // Read data
    adc_value = DATA; // Read data from port
    RD = 1;
    CS = 1; // Deselect ADC
    return adc_value;
}
unsigned int Measure_Voltage(unsigned char adc_value) {
    unsigned int voltage;
    voltage = adc_value * 5000 / 255; // Convert ADC value to voltage in mV
(assuming 5V reference)
    return voltage;
}
```

Current Measurement

```c
#include <reg51.h>
sbit CS = P3^0; // Chip select for ADC
sbit RD = P3^1; // Read pin for ADC
sbit WR = P3^2; // Write pin for ADC
sbit INTR = P3^3; // Interrupt pin for ADC
sbit DATA = P1; // Data port for ADC
void delay(unsigned int);
unsigned char ADC_Read();
unsigned int Measure_Current(unsigned char adc_value);
void main() {
    unsigned char adc_value;
    unsigned int current;
    while (1) {
        adc_value = ADC_Read();
        current = Measure_Current(adc_value);
      P2 = (unsigned char)(current & 0xFF); // Display lower 8 bits of current on Port 2
```

```c
        delay(1000); // Delay for readability
    }
}
void delay(unsigned int ms) {
    unsigned int i, j;
    for (i = 0; i < ms; i++) {
        for (j = 0; j < 123; j++);
    }
}
unsigned char ADC_Read() {
    unsigned char adc_value;
    CS = 0; // Select ADC
    WR = 0; // Start conversion
    delay(1);
    WR = 1;
    while (INTR); // Wait for conversion to complete
    RD = 0; // Read data
    adc_value = DATA; // Read data from port
    RD = 1;
    CS = 1; // Deselect ADC
    return adc_value;
}
unsigned int Measure_Current(unsigned char adc_value) {
    unsigned int current;
    float voltage = adc_value * 5.0 / 255.0; // Convert ADC value to voltage
(assuming 5V reference)
    float shunt_resistor = 0.1; // Shunt resistor value in ohms
    current = voltage / shunt_resistor * 1000; // Calculate current in mA
    return (unsigned int)current;
}
```

Power Measurement

```c
#include <reg51.h>
sbit CS_V = P3^0; // Chip select for voltage ADC
sbit RD_V = P3^1; // Read pin for voltage ADC
sbit WR_V = P3^2; // Write pin for voltage ADC
sbit INTR_V = P3^3; // Interrupt pin for voltage ADC
sbit DATA_V = P1; // Data port for voltage ADC
sbit CS_I = P3^4; // Chip select for current ADC
sbit RD_I = P3^5; // Read pin for current ADC
sbit WR_I = P3^6; // Write pin for current ADC
sbit INTR_I = P3^7; // Interrupt pin for current ADC
sbit DATA_I = P2; // Data port for current ADC
void delay(unsigned int);
unsigned char ADC_Read(unsigned char chip_select, unsigned char read, unsigned
char intr);
unsigned int Measure_Voltage(unsigned char adc_value);
unsigned int Measure_Current(unsigned char adc_value);
unsigned long Measure_Power(unsigned int voltage, unsigned int current);
void main() {
    unsigned char adc_value_v, adc_value_i;
    unsigned int voltage, current;
    unsigned long power;
    while (1) {
        adc_value_v = ADC_Read(CS_V, RD_V, INTR_V);
        adc_value_i = ADC_Read(CS_I, RD_I, INTR_I);
        voltage = Measure_Voltage(adc_value_v);
        current = Measure_Current(adc_value_i);
        power = Measure_Power(voltage, current);
        P3 = (unsigned char)(power & 0xFF); // Display lower 8 bits of power on Port 3
        delay(1000); // Delay for readability
    }
}
```

```c
void delay(unsigned int ms) {
    unsigned int i, j;
    for (i = 0; i < ms; i++) {
        for (j = 0; j < 123; j++);
    }
}
unsigned char ADC_Read(unsigned char chip_select, unsigned char read, unsigned char intr) {
    unsigned char adc_value;
    chip_select = 0; // Select ADC
    WR = 0; // Start conversion
    delay(1);
    WR = 1;
    while (intr); // Wait for conversion to complete
    read = 0; // Read data
    adc_value = DATA_V; // Read data from port
    read = 1;
    chip_select = 1; // Deselect ADC
    return adc_value;
}
unsigned int Measure_Voltage(unsigned char adc_value) {
    unsigned int voltage;
    voltage = adc_value * 5000 / 255; // Convert ADC value to voltage in mV (assuming 5V reference)
    return voltage;
}
unsigned int Measure_Current(unsigned char adc_value) {
    unsigned int current;
    float voltage = adc_value * 5.0 / 255.0; // Convert ADC value to voltage (assuming 5V reference)
    float shunt_resistor = 0.1; // Shunt resistor value in ohms
    current = voltage / shunt_resistor * 1000; // Calculate current in mA
```

```c
    return (unsigned int)current;
}
unsigned long Measure_Power(unsigned int voltage, unsigned int current) {
    return (unsigned long)voltage * current / 1000; // Calculate power in mW
}
```

Energy Measurement

```c
#include <reg51.h>
sbit CS_V = P3^0; // Chip select for voltage ADC
sbit RD_V = P3^1; // Read pin for voltage ADC
sbit WR_V = P3^2; // Write pin for voltage ADC
sbit INTR_V = P3^3; // Interrupt pin for voltage ADC
sbit DATA_V = P1; // Data port for voltage ADC
sbit CS_I = P3^4; // Chip select for current ADC
sbit RD_I = P3^5; // Read pin for current ADC
sbit WR_I = P3^6; // Write pin for current ADC
sbit INTR_I = P3^7; // Interrupt pin for current ADC
sbit DATA_I = P2; // Data port for current ADC
unsigned long power_accumulator = 0;
unsigned long energy_accumulator = 0;
unsigned int time_counter = 0;
void delay(unsigned int);
unsigned char ADC_Read(unsigned char chip_select, unsigned char read, unsigned
char intr);
unsigned int Measure_Voltage(unsigned char adc_value);
unsigned int Measure_Current(unsigned char adc_value);
unsigned long Measure_Power(unsigned int voltage, unsigned int current);
void Timer0_Init();
void Timer0_ISR() interrupt 1;
void main() {
    unsigned char adc_value_v, adc_value_i;
    unsigned int voltage, current;
```

```c
    unsigned long power;
    Timer0_Init();
    while (1) {
        adc_value_v = ADC_Read(CS_V, RD_V, INTR_V);
        adc_value_i = ADC_Read(CS_I, RD_I, INTR_I);
        voltage = Measure_Voltage(adc_value_v);
        current = Measure_Current(adc_value_i);
        power = Measure_Power(voltage, current);

        power_accumulator += power;
        delay(1000); // Delay for 1 second
        time_counter++;
    }
}
void delay(unsigned int ms) {
    unsigned int i, j;
    for (i = 0; i < ms; i++) {
        for (j = 0; j < 123; j++);
    }
}
unsigned char ADC_Read(unsigned char chip_select, unsigned char read, unsigned char intr) {
    unsigned char adc_value;
    chip_select = 0; // Select ADC
    WR = 0; // Start conversion
    delay(1);
    WR = 1;
    while (intr); // Wait for conversion to complete
    read = 0; // Read data
    adc_value = DATA_V; // Read data from port
    read = 1;
    chip_select = 1; // Deselect ADC
```

```c
    return adc_value;
}
unsigned int Measure_Voltage(unsigned char adc_value) {
    unsigned int voltage;
    voltage = adc_value * 5000 / 255; // Convert ADC value to voltage in mV
(assuming 5V reference)
    return voltage;
}
unsigned int Measure_Current(unsigned char adc_value) {
    unsigned int current;
    float voltage = adc_value * 5.0 / 255.0; // Convert ADC value to voltage
(assuming 5V reference)
    float shunt_resistor = 0.1; // Shunt resistor value in ohms
    current = voltage / shunt_resistor * 1000; // Calculate current in mA
    return current;
}
unsigned long Measure_Power(unsigned int voltage, unsigned int current) {
    return (unsigned long)voltage * current / 1000; // Calculate power in mW
}
void Timer0_Init() {
    TMOD = 0x01; // Timer0 in mode 1 (16-bit)
    TH0 = 0; // Clear Timer0 high byte
    TL0 = 0; // Clear Timer0 low byte
    TR0 = 1; // Start Timer0
    ET0 = 1; // Enable Timer0 interrupt
    EA = 1; // Enable global interrupt
}
void Timer0_ISR() interrupt 1 {
    energy_accumulator += (power_accumulator * time_counter); // Accumulate
energy
    power_accumulator = 0; // Reset power accumulator
    time_counter = 0; // Reset time counter
```

```c
    TH0 = 0; // Clear Timer0 high byte
    TL0 = 0; // Clear Timer0 low byte
}
```

Light Intensity Control

```c
#include <reg51.h>
sbit LIGHT_SENSOR = P2^0; // Light sensor input
sbit LED = P1^0; // LED output
void delay(unsigned int);
unsigned char ADC_Read();
void Light_Intensity_Control();
void main() {
    while (1) {
        Light_Intensity_Control();
        delay(1000); // Delay for readability
    }
}
void delay(unsigned int ms) {
    unsigned int i, j;
    for (i = 0; i < ms; i++) {
        for (j = 0; j < 123; j++);
    }
}
unsigned char ADC_Read() {
    unsigned char adc_value;
    // ADC read code (assuming ADC is connected to Port 1)
    return adc_value;
}
void Light_Intensity_Control() {
    unsigned char light_intensity;
    light_intensity = ADC_Read(); // Read light intensity from sensor
    if (light_intensity > 128) {
```

```c
        LED = 1; // Turn on LED
    } else {
        LED = 0; // Turn off LED
    }
}
```

Temperature Control

```c
#include <reg51.h>
sbit FAN = P1^0; // Fan control output
sbit TEMP_SENSOR = P2^0; // Temperature sensor input
void delay(unsigned int);
unsigned char ADC_Read();
void Temperature_Control();
void main() {
    while (1) {
        Temperature_Control();
        delay(1000); // Delay for readability
    }
}
void delay(unsigned int ms) {
    unsigned int i, j;
    for (i = 0; i < ms; i++) {
        for (j = 0; j < 123; j++);
    }
}
unsigned char ADC_Read() {
    unsigned char adc_value;
    // ADC read code (assuming ADC is connected to Port 1)
    return adc_value;
}
void Temperature_Control() {
    unsigned char temperature;
```

```c
    temperature = ADC_Read(); // Read temperature from sensor
    if (temperature > 128) {
        FAN = 1; // Turn on fan
    } else {
        FAN = 0; // Turn off fan
    }
}
```

Humidity Control

```c
#include <reg51.h>
sbit HUMIDIFIER = P1^0; // Humidifier control output
sbit HUMIDITY_SENSOR = P2^0; // Humidity sensor input
void delay(unsigned int);
unsigned char ADC_Read();
void Humidity_Control();
void main() {
    while (1) {
        Humidity_Control();
        delay(1000); // Delay for readability
    }
}
void delay(unsigned int ms) {
    unsigned int i, j;
    for (i = 0; i < ms; i++) {
        for (j = 0; j < 123; j++);
    }
}
unsigned char ADC_Read() {
    unsigned char adc_value;
    // ADC read code (assuming ADC is connected to Port 1)
    return adc_value;
}
```

```c
void Humidity_Control() {
    unsigned char humidity;
    humidity = ADC_Read(); // Read humidity from sensor
    if (humidity > 128) {
        HUMIDIFIER = 1; // Turn on humidifier
    } else {
        HUMIDIFIER = 0; // Turn off humidifier
    }
}
```

Pressure Control

```c
#include <reg51.h>
sbit PRESSURE_SENSOR = P2^0; // Pressure sensor input
sbit VALVE = P1^0; // Valve control output
void delay(unsigned int);
unsigned char ADC_Read();
void Pressure_Control();
void main() {
    while (1) {
        Pressure_Control();
        delay(1000); // Delay for readability
    }
}
void delay(unsigned int ms) {
    unsigned int i, j;
    for (i = 0; i < ms; i++) {
        for (j = 0; j < 123; j++);
    }
}
unsigned char ADC_Read() {
    unsigned char adc_value;
    // ADC read code (assuming ADC is connected to Port 1)
```

```c
    return adc_value;
}
void Pressure_Control() {
    unsigned char pressure;
    pressure = ADC_Read(); // Read pressure from sensor
    if (pressure > 128) {
        VALVE = 1; // Open valve (actuate based on pressure level)
    } else {
        VALVE = 0; // Close valve
    }
}
```

Speed Control

```c
#include <reg51.h>
sbit SPEED_SENSOR = P2^0; // Speed sensor input
sbit MOTOR_PIN = P1^0; // Motor control output
void delay(unsigned int);
unsigned char ADC_Read();
void Speed_Control();
void main() {
    while (1) {
        Speed_Control();
        delay(1000); // Delay for readability
    }
}
void delay(unsigned int ms) {
    unsigned int i, j;
    for (i = 0; i < ms; i++) {
        for (j = 0; j < 123; j++);
    }
}
```

```c
unsigned char ADC_Read() {
    unsigned char adc_value;
    // ADC read code (assuming ADC is connected to Port 1)
    return adc_value;
}
void Speed_Control() {
    unsigned char speed;
    speed = ADC_Read(); // Read speed from sensor
    // Adjust PWM duty cycle based on speed value
    // Example: Set PWM duty cycle on MOTOR_PIN
}
```

Position Control

```c
#include <reg51.h>
sbit POSITION_SENSOR = P2^0; // Position sensor input
sbit ACTUATOR_PIN = P1^0; // Actuator control output
void delay(unsigned int);
unsigned char ADC_Read();
void Position_Control();
void main() {
    while (1) {
        Position_Control();
        delay(1000); // Delay for readability
    }
}
void delay(unsigned int ms) {
    unsigned int i, j;
    for (i = 0; i < ms; i++) {
        for (j = 0; j < 123; j++);
    }
}
unsigned char ADC_Read() {
```

```c
    unsigned char adc_value;
    // ADC read code (assuming ADC is connected to Port 1)
    return adc_value;
}
void Position_Control() {
    unsigned char position;
    position = ADC_Read(); // Read position from sensor
    // Implement control algorithm to adjust ACTUATOR_PIN based on position
}
```

Angle Measurement

```c
#include <reg51.h>
sbit POTENTIOMETER = P2^0; // Potentiometer input
sbit LED = P1^0; // LED output for indication
void delay(unsigned int);
unsigned char ADC_Read();
void Angle_Measurement();
void main() {
    while (1) {
        Angle_Measurement();
        delay(1000); // Delay for readability
    }
}
void delay(unsigned int ms) {
    unsigned int i, j;
    for (i = 0; i < ms; i++) {
        for (j = 0; j < 123; j++);
    }
}
unsigned char ADC_Read() {
    unsigned char adc_value;
    // ADC read code (assuming ADC is connected to Port 1)
```

```c
    return adc_value;
}
void Angle_Measurement() {
    unsigned char angle;
    angle = ADC_Read(); // Read angle from potentiometer
    // Process angle value as needed
    // Example: Display angle on LEDs or perform specific actions
    if (angle > 128) {
        LED = 1; // Example: Turn on LED if angle exceeds a threshold
    } else {
        LED = 0; // Example: Turn off LED
    }
}
```

Distance Measurement

```c
#include <reg51.h>
sbit TRIG_PIN = P2^0; // Trigger pin for ultrasonic sensor
sbit ECHO_PIN = P2^1; // Echo pin for ultrasonic sensor
sbit LED = P1^0; // LED output for indication
void delay(unsigned int);
void Init_Timer();
unsigned int Measure_Distance();
void main() {
    unsigned int distance;
    while (1) {
        distance = Measure_Distance();
        // Process distance value as needed
        // Example: Display distance on LEDs or perform specific actions
        if (distance < 30) {
            LED = 1; // Example: Turn on LED if distance is less than 30 cm
        } else {
            LED = 0; // Example: Turn off LED
```

```
    }
      delay(1000); // Delay for readability
  }
}
void delay(unsigned int ms) {
  unsigned int i, j;
  for (i = 0; i < ms; i++) {
    for (j = 0; j < 123; j++);
  }
}
void Init_Timer() {
  // Initialize Timer for measuring pulse width (if required)
}
unsigned int Measure_Distance() {
  unsigned int distance;
  // Trigger ultrasonic sensor
  // Measure pulse width on ECHO_PIN
  // Convert pulse width to distance in cm
  // Return distance value
  return distance;
}
```

Object Detection

```
#include <reg51.h>
sbit IR_SENSOR = P2^0; // IR sensor input
sbit LED = P1^0; // LED output for indication
void delay(unsigned int);
unsigned char Read_IR_Sensor();
void Object_Detection();
void main() {
  while (1) {
    Object_Detection();
```

```c
        delay(1000); // Delay for readability
    }
}
void delay(unsigned int ms) {
    unsigned int i, j;
    for (i = 0; i < ms; i++) {
        for (j = 0; j < 123; j++);
    }
}
unsigned char Read_IR_Sensor() {
    unsigned char ir_value;
    // Read IR sensor value (assuming connected to Port 2)
    return ir_value;
}
void Object_Detection() {
    unsigned char detected;
    detected = Read_IR_Sensor(); // Read IR sensor value
    // Process detection status
    // Example: Activate LED if object detected
    if (detected) {
        LED = 1; // Example: Turn on LED if object detected
    } else {
        LED = 0; // Example: Turn off LED
    }
}
```

Line Follower Robot

```c
#include <reg51.h>
sbit LEFT_SENSOR = P2^0; // Left IR sensor input
sbit RIGHT_SENSOR = P2^1; // Right IR sensor input
sbit LEFT_MOTOR = P1^0; // Left motor control output
sbit RIGHT_MOTOR = P1^1; // Right motor control output
```

```c
void delay(unsigned int);

void Line_Follower();

void main() {

    while (1) {

        Line_Follower();

        // Optionally, you can add additional logic or tasks here

    }

}

void delay(unsigned int ms) {

    unsigned int i, j;

    for (i = 0; i < ms; i++) {

        for (j = 0; j < 123; j++);

    }

}

void Line_Follower() {

    unsigned char left_sensor, right_sensor;

    left_sensor = LEFT_SENSOR; // Read left sensor

    right_sensor = RIGHT_SENSOR; // Read right sensor

    if (left_sensor && right_sensor) {

        // Both sensors on line: Move forward

        LEFT_MOTOR = 1;

        RIGHT_MOTOR = 1;

    } else if (left_sensor && !right_sensor) {

        // Only left sensor on line: Turn right

        LEFT_MOTOR = 1;

        RIGHT_MOTOR = 0;

    } else if (!left_sensor && right_sensor) {

        // Only right sensor on line: Turn left

        LEFT_MOTOR = 0;

        RIGHT_MOTOR = 1;

    } else {

        // Both sensors off line: Stop or apply fallback logic
```

```c
      LEFT_MOTOR = 0;

      RIGHT_MOTOR = 0;

  }

}


```

Maze Solving Robot

```c
#include <reg51.h>

sbit FRONT_SENSOR = P2^0; // Front sensor input

sbit LEFT_SENSOR = P2^1; // Left sensor input

sbit RIGHT_SENSOR = P2^2; // Right sensor input

sbit LEFT_MOTOR = P1^0; // Left motor control output

sbit RIGHT_MOTOR = P1^1; // Right motor control output

void delay(unsigned int);

void Maze_Solver();

void main() {

  while (1) {

    Maze_Solver();

    // Optionally, you can add additional logic or tasks here

  }

}

void delay(unsigned int ms) {

  unsigned int i, j;

  for (i = 0; i < ms; i++) {

    for (j = 0; j < 123; j++);

  }

}

void Maze_Solver() {

  unsigned char front_sensor, left_sensor, right_sensor;

  front_sensor = FRONT_SENSOR; // Read front sensor

  left_sensor = LEFT_SENSOR; // Read left sensor

  right_sensor = RIGHT_SENSOR; // Read right sensor
```

```c
    if (front_sensor) {
        // Front obstacle: Turn left or right
        if (left_sensor) {
            // Left path available
            LEFT_MOTOR = 1;
            RIGHT_MOTOR = 0;
        } else if (right_sensor) {
            // Right path available
            LEFT_MOTOR = 0;
            RIGHT_MOTOR = 1;
        } else {
            // Dead end: Turn around or apply fallback logic
            LEFT_MOTOR = 1;
            RIGHT_MOTOR = 0; // Example: Turn left
            delay(500); // Adjust delay for turning
            LEFT_MOTOR = 0;
            RIGHT_MOTOR = 0;
        }
    } else {
        // No obstacle: Move forward
        LEFT_MOTOR = 1;
        RIGHT_MOTOR = 1;
    }
}
```

Obstacle Avoidance Robot

```c
#include <reg51.h>
sbit TRIG_PIN = P2^0; // Trigger pin for ultrasonic sensor
sbit ECHO_PIN = P2^1; // Echo pin for ultrasonic sensor
sbit LEFT_MOTOR = P1^0; // Left motor control output
sbit RIGHT_MOTOR = P1^1; // Right motor control output
```

```c
void delay(unsigned int);
void Init_Timer();
unsigned int Measure_Distance();
void Obstacle_Avoidance();
void main() {
    while (1) {
        Obstacle_Avoidance();
        // Optionally, you can add additional logic or tasks here
    }
}
void delay(unsigned int ms) {
    unsigned int i, j;
    for (i = 0; i < ms; i++) {
        for (j = 0; j < 123; j++);
    }
}
void Init_Timer() {
    // Initialize Timer for measuring pulse width (if required)
}
unsigned int Measure_Distance() {
    unsigned int distance;
    // Trigger ultrasonic sensor
    // Measure pulse width on ECHO_PIN
    // Convert pulse width to distance in cm
    // Return distance value
    return distance;
}
void Obstacle_Avoidance() {
    unsigned int distance;
    distance = Measure_Distance(); // Read distance from ultrasonic sensor
    if (distance < 20) {
        // Obstacle detected: Turn right
```

```c
    LEFT_MOTOR = 1;
    RIGHT_MOTOR = 0;
    delay(500); // Adjust delay for turning
  } else {
    // No obstacle: Move forward
    LEFT_MOTOR = 1;
    RIGHT_MOTOR = 1;
  }
}
```

Fire Fighting Robot

```c
#include <reg51.h>
sbit FLAME_SENSOR = P2^0; // Flame sensor input
sbit WATER_PUMP = P1^0; // Water pump control output
void delay(unsigned int);
void Fire_Fighting_Robot();
void main() {
  while (1) {
    Fire_Fighting_Robot();
    // Optionally, you can add additional logic or tasks here
  }
}
void delay(unsigned int ms) {
  unsigned int i, j;
  for (i = 0; i < ms; i++) {
    for (j = 0; j < 123; j++);
  }
}
void Fire_Fighting_Robot() {
  unsigned char flame_detected;
  flame_detected = FLAME_SENSOR; // Read flame sensor
  if (flame_detected) {
```

```c
      // Fire detected: Activate water pump
      WATER_PUMP = 1; // Example: Turn on water pump to extinguish fire
      delay(5000); // Run pump for 5 seconds (adjust as needed)
      WATER_PUMP = 0; // Turn off water pump
   } else {
      // No fire: Do nothing or apply fallback logic
      WATER_PUMP = 0; // Ensure water pump is off
   }
}
```

Voice Recognition

```c
#include <reg51.h>
sbit MICROPHONE = P2^0; // Microphone input
sbit VOICE_MODULE = P1^0; // Voice recognition module control output
void delay(unsigned int);
unsigned char Read_Voice_Module();
void Voice_Recognition();
void main() {
   while (1) {
      Voice_Recognition();
      // Optionally, you can add additional logic or tasks here
   }
}
void delay(unsigned int ms) {
   unsigned int i, j;
   for (i = 0; i < ms; i++) {
      for (j = 0; j < 123; j++);
   }
}
unsigned char Read_Voice_Module() {
   unsigned char voice_command;
   // Read voice recognition module (assuming simple digital interface)
```

```
    return voice_command;
}
void Voice_Recognition() {
    unsigned char command;
    command = Read_Voice_Module(); // Read command from voice recognition
module
    // Process recognized command
    // Example: Perform actions based on recognized voice command
    if (command == 1) {
        // Example: Move robot forward
    } else if (command == 2) {
        // Example: Stop robot
    }
    // Add more commands and actions as needed
}
```

Speech Synthesis

```
#include <reg51.h>
sbit SPEAKER = P1^0; // Speaker output
void delay(unsigned int);
void Speech_Synthesis();
void main() {
    while (1) {
        Speech_Synthesis();
        // Optionally, you can add additional logic or tasks here
    }
}
void delay(unsigned int ms) {
    unsigned int i, j;
    for (i = 0; i < ms; i++) {
        for (j = 0; j < 123; j++);
    }
```

```c
}
void Speech_Synthesis() {
    // Example: Generate tones for speech synthesis
    SPEAKER = 1; // Example: Activate speaker
    delay(500); // Adjust duration for speech output
    SPEAKER = 0; // Deactivate speaker
    delay(500); // Adjust pause between tones
    // Repeat for desired speech output
}
```

Music Player

```c
#include <reg51.h>
// Define pins for SD card or EEPROM (for illustration purposes)
sbit SD_CS = P2^0;      // Chip select pin for SD card
sbit SD_MOSI - P2^1;    // MOSI pin for SD card
sbit SD_MISO = P2^2;    // MISO pin for SD card
sbit SD_CLK = P2^3;     // Clock pin for SD card
sbit SPEAKER = P1^0;    // Speaker output pin
void delay(unsigned int);
void Init_SD_Card();
unsigned char SD_ReadByte();
void Play_Music();
void main() {
    Init_SD_Card(); // Initialize SD card (or EEPROM) interface
    while (1) {
        Play_Music();
        // Optionally, you can add additional logic or tasks here
    }
}
void delay(unsigned int ms) {
    unsigned int i, j;
    for (i = 0; i < ms; i++) {
```

```c
        for (j = 0; j < 123; j++);
    }
}
void Init_SD_Card() {
    // Initialize SD card SPI interface
    // Configure SPI communication settings (mode, clock rate, etc.)
    // Example initialization code
    SD_CS = 1;     // Deselect SD card
    SD_CLK = 0;    // Clock idle low
    // Additional initialization steps as per SD card datasheet
}
unsigned char SD_ReadByte() {
    unsigned char data;
    // Read data byte from SD card via SPI
    // Example code to read data
    // Implement SPI_Read function
    // data = SPI_Read();  // Replace with actual SPI read function
    return data;
}
void Play_Music() {
    unsigned char music_data;
    // Example: Read music data from SD card
    music_data = SD_ReadByte(); // Replace with actual data retrieval logic
     // Example: Output music data to speaker or audio amplifier
    // Example: Adjust for audio playback (DAC, PWM, etc.)
    SPEAKER = 1;  // Activate speaker
    delay(100);   // Adjust delay for audio playback
    SPEAKER = 0;  // Deactivate speaker
}
```

Traffic Light Control

```c
#include <reg51.h>
```

```c
sbit RED_LED = P1^0;    // Red LED pin
sbit YELLOW_LED = P1^1; // Yellow LED pin
sbit GREEN_LED = P1^2;  // Green LED pin
void delay(unsigned int);
void Traffic_Light_Control();
void main() {
  while (1) {
    Traffic_Light_Control();
    // Optionally, you can add additional logic or tasks here
  }
}
void delay(unsigned int ms) {
  unsigned int i, j;
  for (i = 0; i < ms; i++) {
    for (j = 0; j < 123; j++);
  }
}
void Traffic_Light_Control() {
  // Traffic light sequence
  RED_LED = 1;    // Red light on
  YELLOW_LED = 0; // Yellow light off
  GREEN_LED = 0;  // Green light off
  delay(5000);    // Red light duration (adjust as needed)
  YELLOW_LED = 1; // Yellow light on
  RED_LED = 0;    // Red light off
  delay(2000);    // Yellow light duration (adjust as needed)
  GREEN_LED = 1;  // Green light on
  YELLOW_LED = 0; // Yellow light off
  delay(5000);    // Green light duration (adjust as needed)
}
```

Smart Lighting System

```c
#include <reg51.h>
sbit LIGHT_SENSOR = P2^0;   // Light sensor input
sbit LED = P1^0;            // LED output
void delay(unsigned int);
void Smart_Lighting_System();
void main() {
   while (1) {
      Smart_Lighting_System();
      // Optionally, you can add additional logic or tasks here
   }
}
void delay(unsigned int ms) {
   unsigned int i, j;
   for (i = 0; i < ms; i++) {
      for (j = 0; j < 123; j++);
   }
}
void Smart_Lighting_System() {
   unsigned char light_intensity;
   light_intensity = LIGHT_SENSOR; // Read light sensor
   // Smart lighting logic based on light intensity
   if (light_intensity > 150) {
      LED = 0;  // Turn off LED if it's too bright
   } else {
      LED = 1;  // Turn on LED if it's dark
   }
   delay(1000);  // Adjust delay time according to system response
}
```

Smart Agriculture System

```c
#include <reg51.h>
sbit TEMPERATURE_SENSOR = P2^0; // Temperature sensor input
sbit HUMIDITY_SENSOR = P2^1;    // Humidity sensor input
sbit FERTILIZER_PUMP = P1^0;    // Fertilizer pump control output
sbit WATER_VALVE = P1^1;        // Water valve control output
void delay(unsigned int);
void Smart_Agriculture_System();
void main() {
  while (1) {
    Smart_Agriculture_System();
    // Optionally, you can add additional logic or tasks here
  }
}
void dclay(unsigned int ms) {
  unsigned int i, j;
  for (i = 0; i < ms; i++) {
    for (j = 0; j < 123; j++);
  }
}
void Smart_Agriculture_System() {
  unsigned char temperature, humidity;
  temperature = TEMPERATURE_SENSOR; // Read temperature sensor
  humidity = HUMIDITY_SENSOR;       // Read humidity sensor
  // Smart agriculture logic based on sensor readings
  if (temperature > 30 && humidity < 60) {
    FERTILIZER_PUMP = 1; // Turn on fertilizer pump if conditions are suitable
  } else {
    FERTILIZER_PUMP = 0; // Otherwise, turn off fertilizer pump
  }
  // Additional logic can be added based on specific agriculture requirements
  // Example: Implement pest control, lighting control, etc.
```

```c
    delay(5000);  // Adjust delay time according to system response
}


```

Smart Irrigation System

```c
#include <reg51.h>
sbit SOIL_MOISTURE_SENSOR = P2^0; // Soil moisture sensor input
sbit WATER_PUMP = P1^0;          // Water pump control output
void delay(unsigned int);
void Smart_Irrigation_System();
void main() {
    while (1) {
        Smart_Irrigation_System();
        // Optionally, you can add additional logic or tasks here
    }
}
void delay(unsigned int ms) {
    unsigned int i, j;
    for (i = 0; i < ms; i++) {
        for (j = 0; j < 123; j++);
    }
}
void Smart_Irrigation_System() {
    unsigned char soil_moisture;
    soil_moisture = SOIL_MOISTURE_SENSOR; // Read soil moisture sensor
    // Smart irrigation logic based on soil moisture level
    if (soil_moisture < 50) {
        WATER_PUMP = 1;  // Turn on water pump if soil moisture is low
    } else {
        WATER_PUMP = 0;  // Otherwise, turn off water pump
    }
    delay(10000);  // Adjust delay time according to irrigation frequency
}
```

Fire Alarm System Implementation

```c
#include <reg51.h>
sbit SMOKE_SENSOR = P2^0;   // Smoke sensor input
sbit HEAT_SENSOR = P2^1;    // Heat sensor input
sbit ALARM = P1^0;          // Alarm control output
void delay(unsigned int);
void Fire_Alarm_System();
void main() {
  while (1) {
    Fire_Alarm_System();
    // Optionally, you can add additional logic or tasks here
  }
}
void delay(unsigned int ms) {
  unsigned int i, j;
  for (i = 0; i < ms; i++) {
    for (j = 0; j < 123; j++);
  }
}
void Fire_Alarm_System() {
  // Read sensor inputs
  unsigned char smoke_detected, heat_detected;
  smoke_detected = SMOKE_SENSOR;  // Read smoke sensor
  heat_detected = HEAT_SENSOR;    // Read heat sensor
  // Fire alarm logic
  if (smoke_detected || heat_detected) {
    ALARM = 1;  // Activate alarm if smoke or heat detected
  } else {
    ALARM = 0;  // Deactivate alarm if no fire hazard detected
  }
  delay(1000);  // Adjust delay time according to system response
}
```

Gas Leak Detector Implementation

```c
#include <reg51.h>
sbit GAS_SENSOR = P2^0;     // Gas sensor input
sbit ALARM = P1^0;          // Alarm control output
void delay(unsigned int);
void Gas_Leak_Detector();
void main() {
    while (1) {
        Gas_Leak_Detector();
        // Optionally, you can add additional logic or tasks here
    }
}
void delay(unsigned int ms) {
    unsigned int i, j;
    for (i = 0; i < ms; i++) {
        for (j = 0; j < 123; j++);
    }
}
void Gas_Leak_Detector() {
    // Read sensor input
    unsigned char gas_detected;
    gas_detected = GAS_SENSOR;  // Read gas sensor
    // Gas leak detection logic
    if (gas_detected) {
        ALARM = 1;  // Activate alarm if gas leak detected
    } else {
        ALARM = 0;  // Deactivate alarm if no gas detected
    }
    delay(1000);  // Adjust delay time according to system response
}
```

Water Leak Detector Implementation

```c
#include <reg51.h>

sbit WATER_SENSOR = P2^0;   // Water sensor input
sbit ALARM = P1^0;          // Alarm control output

void delay(unsigned int);
void Water_Leak_Detector();

void main() {
    while (1) {
        Water_Leak_Detector();
        // Optionally, you can add additional logic or tasks here
    }
}

void delay(unsigned int ms) {
    unsigned int i, j;
    for (i = 0; i < ms; i++) {
        for (j = 0; j < 123; j++);
    }
}

void Water_Leak_Detector() {
    // Read sensor input
    unsigned char water_detected;
    water_detected = WATER_SENSOR;  // Read water sensor
    // Water leak detection logic
    if (water_detected) {
        ALARM = 1;  // Activate alarm if water leak detected
    } else {
        ALARM = 0;  // Deactivate alarm if no water detected
    }
    delay(1000);  // Adjust delay time according to system response
}
```

Smoke Detector Implementation

```c
#include <reg51.h>

sbit SMOKE_SENSOR = P2^0;   // Smoke sensor input
sbit ALARM = P1^0;          // Alarm control output

void delay(unsigned int);
void Smoke_Detector();

void main() {
   while (1) {
      Smoke_Detector();
      // Optionally, you can add additional logic or tasks here
   }
}

void delay(unsigned int ms) {
   unsigned int i, j;
   for (i = 0; i < ms; i++) {
      for (j = 0; j < 123; j++);
   }
}

void Smoke_Detector() {
   // Read sensor input
   unsigned char smoke_detected;
   smoke_detected = SMOKE_SENSOR;  // Read smoke sensor
   // Smoke detection logic
   if (smoke_detected) {
      ALARM = 1;  // Activate alarm if smoke detected
   } else {
      ALARM = 0;  // Deactivate alarm if no smoke detected
   }
   delay(1000);  // Adjust delay time according to system response
}
```